走进"一带一路"丛书

浙江省社科联社科普及课题（22KPWT06ZD-4Z）

潘帕斯草原的南美瑞士
乌拉圭

任少凡
杨 光 编著

浙江工商大学 出版社
ZHEJIANG GONGSHANG UNIVERSITY PRESS

·杭州·

图书在版编目(CIP)数据

　　潘帕斯草原的南美瑞士：乌拉圭／任少凡，杨光编
著．— 杭州：浙江工商大学出版社，2024.9
　　ISBN 978-7-5178-5723-5

　　Ⅰ.①潘… Ⅱ.①任… ②杨… Ⅲ.①乌拉圭—概况
Ⅳ.①K978.2

　　中国国家版本馆 CIP 数据核字(2023)第 173915 号

潘帕斯草原的南美瑞士——乌拉圭
PANPASI CAOYUAN DE NANMEI RUISHI——WULAGUI

任少凡　杨　光 编著

出 品 人	郑英龙
策划编辑	王黎明
责任编辑	王黎明　祝希茜
封面设计	朱嘉怡
责任校对	何小玲
责任印制	祝希茜
出版发行	浙江工商大学出版社
	(杭州市教工路 198 号　邮政编码 310012)
	(E-mail:zjgsupress@163.com)
	(网址:http://www.zjgsupress.com)
	电话:0571-88904980,88831806(传真)
排　　版	杭州朝曦图文设计有限公司
印　　刷	杭州高腾印务有限公司
开　　本	880 mm×1230 mm　1/32
印　　张	6.5
字　　数	155 千
版 印 次	2024 年 9 月第 1 版　2024 年 9 月第 1 次印刷
书　　号	ISBN 978-7-5178-5723-5
定　　价	59.80 元

走进"一带一路"丛书顾问委员会

田长春　中国前驻阿尔巴尼亚共和国、亚美尼亚共和国大使

华黎明　中国前驻伊朗伊斯兰共和国、阿拉伯联合酋长国、
　　　　荷兰王国大使

李华新　中国前驻伊拉克共和国、阿拉伯叙利亚共和国、沙
　　　　特阿拉伯王国大使,驻悉尼总领事

李瑞宇　中国前驻丹麦王国、意大利共和国大使

吴正龙　中国前驻克罗地亚共和国大使

吴思科　前中国中东问题特使,中国前驻沙特阿拉伯王国、
　　　　阿拉伯埃及共和国大使

闵永年　中国前驻阿拉伯埃及共和国使馆参赞、驻文莱达鲁
　　　　萨兰国大使

宋荣华　中国前驻菲律宾共和国宿务总领事

郁红阳　中国前驻约旦哈希姆王国、伊朗伊斯兰共和国、土
　　　　耳其共和国大使

赵　彬　中国前驻奥地利共和国大使

柴　玺　中国前驻孟加拉人民共和国、马耳他共和国、马来
　　　　西亚大使

黄惠康　联合国国际法委员会委员,中国前驻马来西亚大使

傅元聪　中国前驻东帝汶民主共和国大使

丁喜刚　新华社前驻达喀尔分社首席记者

王　波　新华社前驻伊拉克共和国、科威特国、沙特阿拉伯
　　　　王国和巴林王国分社首席记者

刘咏秋　新华社驻罗马分社记者,前驻希腊共和国、斯里兰
　　　　卡民主社会主义共和国分社记者

陈德昌　新华社前驻希腊共和国分社、塞浦路斯共和国分社
　　　　首席记者

明大军　新华社前驻曼谷分社、驻耶路撒冷分社首席记者

章建华　新华社驻堪培拉分社首席记者,前驻喀布尔、河内
　　　　和万象分社首席记者

特别顾问

马晓霖　浙江外国语学院教授,环地中海研究院院长

走进"一带一路"丛书编委会

‖ 目　录 ‖

◈开篇　001

◈上篇　神秘沉重的前世　007

从查鲁亚人到西班牙人——发现新大陆　009

"友好"瓜分新大陆——科洛尼亚之争　019

"除却自由，我无以捍卫亦无所畏惧"

　　——阿蒂加斯　030

"红白大战"——党派之争　045

传承与新生——走上正轨　060

◈中篇　富庶闲适的今生　075

牛羊好似珍珠洒——南美瑞士　077

不仅仅是"每童一电脑"——赛贝计划　088

漫步双城——蒙得维的亚与埃斯特角城　099

一方水土养一方人——当地人的吃喝玩乐　121

"拉丁美洲的良心"——乌拉圭文学　137

铁血军团——乌拉圭足球　148

◈下篇　天涯若比邻　161

　　中国与乌拉圭——日益密切的新朋友　163
　　浙乌交往——海洋渔业的好伙伴　183
　　万里之遥的朋友　190

◈参考文献　196

开篇

　　乌拉圭全称乌拉圭东岸共和国（República Oriental del Uruguay），对于大部分中国人而言可谓是一个较为陌生的国度。乌拉圭处于西三时区，当地时间比北京时间晚 11 个小时，几乎与我们昼夜颠倒，这也意味着它是距离中国最遥远的国家之一。乌拉圭人口约为 344 万，不到我国浙江省杭州市人口的 1/3；国土面积 17.62 万平方公里，是仅次于苏里南的拉丁美洲第二小国家，约等于 1.7 个浙江省。

　　但这样一个小国却被称为"南美瑞士"，它到底有什么成就和魅力才能得此美誉呢？1880 年，在世界所有独立国家中，乌拉圭的经济和社会发展水平名列前茅，是世界上第一个制定农业工人最低工资标准的国家，也是拉丁美洲地区第一个给予妇女选举权、最早实行 8 小时工作制的国家。现在，它是拉丁美洲地区公平指数最高的国家，社会贫富差距较小，中产阶级占全国人口的 60％；在人类发展指数及人类机会指数等各种衡量社会福利标准的指数评比中，它也都名列前茅。根据 2020 年的数据，乌拉圭人的平均寿命为 77 岁，人均月收入达到了 5100 美元。世界最大的机构投资顾问公司美世咨询（Mercer）针对全球城市宜居水平每年会发布一项研究报告，自 2015 年起，乌拉圭首都蒙得维的亚（Montevideo）以其优越的城市环境和卫生条件脱颖而出，连续 5 年居拉丁美洲地区榜首。乌拉圭足球队更是实力强劲，声震全球，历史上共获得过 2 次世界杯冠军、2 次奥运会冠军、15 次美洲杯冠军，从 350 多万人口中走出了巴雷拉（Guillermo Varela Olivera）、弗朗西斯科利（Enzo Francescoli Uriarte）、卡瓦尼（Edinson Roberto Cavani Gómez）和苏亚雷斯（Luis Alberto Suárez Díaz）等多名世界知名球星。国际足联前任主席阿维兰热（João Havelange）十分推崇乌拉圭模式，认为它是足球发展的最佳范例。

　　面对一项项亮眼的数据，人们在惊讶之余想必对乌拉圭也萌生好奇之心：

　　乌拉圭被称为"钻石之国"，拉普拉塔河（Río de la Plata）在西班牙语中的意思是"银河"，但这片土地并不盛产钻石与白银，那么这个别称从何而来？

　　乌拉圭19个省份中有一个三十三人省（Departamento de Treinta y Tres），这个略显奇怪的名字，其所指以及内涵是什么？三十三人是哪些人？

　　漫步于乌拉圭的大城小市，游客会发现政府建筑前都飘扬着三面旗帜，那么除了国旗以外，另外两面旗帜有何特殊意义？

　　现在乌拉圭的两大政党别称为"红党（Partido Colorado）"和"白党（Partido Nacional）"，政治党派何以与颜色有联系？"红""白"之分从何而来，又有何意义？

　　意大利红衫军领导人朱塞佩·加里波第（Giuseppe Garibaldi）为什么会出现在乌拉圭的教科书中并被当地人视为民族英雄？

　　在拉丁美洲各国的解放运动中，乌拉圭的独立之路格外曲折，但为什么后来能脱颖而出，朝着"南美瑞士"的方向不断发展？公平指数、社会福利等方面它是怎样做到位列拉丁美洲国家前列的？

　　为什么一个不到350万人的国家在足球方面能有如此建树？足球对他们来讲意味着什么？乌拉圭国家足球队的别称

"查鲁亚钢叉"的来源及核心内涵又是什么？

　　大部分中国人对乌拉圭了解甚少，只是略知一二，这个一二的一部分可能来自足球，另一部分则来自一个名词——"乌拉圭回合(Ronda de Uruguay)"。到底何谓"乌拉圭回合"？它对世界经济以及中国经济的发展有什么影响？

　　作为海上丝绸之路的重要节点，乌拉圭怎样看待"一带一路"倡议？乌拉圭与我国以及浙江省有何交往联系？长期旅居乌拉圭的华人只有400多人，他们在距祖国如此遥远的国度是怎样一种生存状态，对祖国有着何种特殊感情？

　　希望本书能够满足读者对乌拉圭的好奇，为大家呈现乌拉圭神秘、绚丽、富庶、闲适的前世与今生。

上篇 神秘沉重的前世

从查鲁亚人到西班牙人——发现新大陆

　　这条奔涌的河流只有不足 20 米宽，在许多年后它才被人们熟知——这就是乌拉圭河。凌厉的劲风掠过荒芜的宽广平原，巨兽的足迹隐约可见。一小群人裹着长长的兽皮缓缓前行，同时好奇地看着呈现在他们面前的一切。这应该是第一批人类踏上这片土地的景象，也正是在这一刻，乌拉圭的历史——准确地说是史前历史——开始书写。

　　几千年来，不同群体进入这片土地。这片土地有时是肥沃而适宜人类居住的，有时则令人失望。7000 年前，西北部开始荒漠化，沙丘遍野。4000 年前，中部被亚热带森林覆盖；汪洋将现如今游人如织的沙滩淹没在海平面 6 米以下，在之后某个时期又向后退去 70—100 米，留下广阔的海岸……无论是地理还是气候，这里都处于变化当中，而当时的人能做的只有适应，但结果几乎可以说是令人惊奇的：他们不仅生存了下来，还发展出发明和改造工具的创新能力，并创造了各种复杂的社会关系和文化。乌拉圭的这段史前史是一部厚重的无名英雄史诗，但在少数提到它的文本中，它通常仅被归入"土著文化"这个标签之下。

　　1950 年，乌拉圭考古学家安东尼奥·塔戴（Antonio Taddei）来到了卡达兰齐珂河（Catalán Chico）河岸，并在此地和附近小山的玄武岩表面找到了一些石质原始器具的碎片①，这些看似不起眼的碎片把我们引入了历史的长河并向前回溯了近 10000 年。塔戴发现的是距今 10000—8000 年该地区存在的原始狩猎采集文化：卡塔兰瑟文化（El Hombre del Catalanense）。在国际美洲学者大会（Congreso Internacional de Americanistas）上，此次考古发掘的相关信息第一次被公之于众。当时的观点认为这些考古遗迹与欧洲旧石器时代的石器工业有关。塔戴对这一观点提出异议并进行了修改，将其称为卡塔兰瑟工业（Industria Catalanense），并认为这是乌拉圭最古老的职业类别：原始的狩猎采集者。卡塔兰瑟工业 86％的器具制作以石片为原材料，13％以石核为原材料，1％以鹅卵石为原材料。② 一开始塔戴和同伴将其历史追溯到距今 12000—10000 年，后经过一些其他考古发现，最终认定这一文明的存在时间为距今 10000—8000 年。

1964 年，博米达（Bormida）在卡勒姆河（Río Cuareim）周边的 4 个地点（Carape、Guaviyu、Artigas、Perao）确定了较卡塔兰瑟文化更晚、更先进的另外一种文化：卡勒姆文化（Cuareimense）（大约 7000 年前）。但是卡勒姆文化的石器具制作不如卡塔兰瑟文化的精细：39％的器具制作以鹅卵石为原材料，35％以石核为原材料，26％以石片为原材料。③ 博米达提出卡勒姆文化的经济是建立在古农业基础上的，因此他们可以被视为原农学家。

---

① 在 27 平方公里的区域内，发掘出了近 20000 片石质碎片。

② Antonio Taddei.“Algunos Aspectos de la Arqueología Prehistórica de Uruguay”, *Estudios Atacameño*, 1987（8）：66.

③ Antonio Taddei.“Algunos Aspectos de la Arqueología Prehistórica de Uruguay”, *Estudios Atacameño*, 1987（8）：69.

这 2 处遗迹的发现使乌拉圭现属领土的人类活动踪迹追溯到大约 10000 年前。斗转星移,大约 4000 年前,查鲁亚人(Charrúa)和瓜拉尼人(Tupi-Guarani)开始在那里生活,那时他们都处于旧石器中晚期,以狩猎、捕鱼和采集为生。此外,这片土地上其他土著印第安人还有雅罗人(Yaro)、查纳人(Chaná)、格诺亚人(Guenoa)和博安内人(Bohane),他们以打猎和捕鱼为生。

查鲁亚人是其中一支最大的土著居民。他们主要居住在拉普拉塔河北部。在人种及文化认同方面,他们与查科(Chaco)、潘帕斯(Pampas)和巴塔哥尼亚(Patagonia)的印第安人有很多相似之处。他们使用弓箭、弹弓进行狩猎,还掌握了磨石技术,能制作一些刻着简陋花纹的陶器。足球爱好者也许对这个名字并不陌生,曾 2 次捧起大力神杯的乌拉圭足球队正是被称为"查鲁亚钢叉"("Garra Charrúa")。2018 年,为庆祝国际语言日,乌拉圭国家文学学会(Academia Nacional de Letras de Uruguay)在蒙得维的亚足球博物馆举办了一次名为"足球——语言的创造者"的圆桌会议,会上乌拉圭历史学家杰拉多·卡斯塔诺(Gerardo Caetano)对"查鲁亚钢叉"的内涵进行了界定,认为这是乌拉圭人在世界上的一种身份认同,是把乌拉圭足球和其他地区足球区分开的一种标记。他强调说,"查鲁亚钢叉"精神并不意味着以蛮力取胜,而是以进攻取胜,是在最艰难的时刻让每位球员发挥出最突出的优势,从本质上说,就是要有一个在困难面前直视它的心理因素。可以说,"查鲁亚钢叉"是乌拉圭人的印记。当他们看似被击败且再也无法继续的时候,总会出现一种内在力量,这种力量引领着他们继续斗争、继续前进并无数次取得成功。

"查鲁亚钢叉"精神也许与查鲁亚人不无关系。16 世纪,西班牙人到达新大陆后曾多次尝试在东岸地区建立一些要塞,作为征服内陆地区的基地,但科技更为发达、武器更为先进的他们万万没有想到,查鲁亚人竟能阻挡住他们前进的步伐。在与欧洲殖民者交往的过程中,查鲁亚人不仅从欧洲人那里学会了穿衣、喝酒、吸烟,也学会了使用铁制工具和武器,并掌握了高超的骑马技术,这使得查鲁亚人的流动性、好战性和劫掠性加强。虽然与查鲁亚人进行了持续不断的战争,但西班牙人从来都没有完全征服过查鲁亚人,相反,由于查鲁亚人的顽强反抗,西班牙殖民者早期对东岸地区的征服遭到了失败。

1516 年 2 月,西班牙探险家胡安·迪亚斯·德·索利斯(Juan Díaz de Solís)为了寻找连接大西洋和太平洋的南部通道,率船队向南穿越大西洋,到达南美大陆并第一次踏入拉普拉塔河流域,包括现今乌拉圭领土。然而,这支探险队一上岸就遭到查鲁亚人的袭击,迪亚斯也因此丧命。

由于欧洲人带来的疾病和持续的战争,到乌拉圭独立之时,土著居民已经几乎消失了。这一过程在 1831 年达到顶峰,当时乌拉圭首任总统弗卢克图奥索·里维拉(Fructuoso Rivera)做出了一个有争议的决定——屠杀所有查鲁亚人,这一历史事件即萨尔西普埃德斯大屠杀(La Masacre de Salsipuedes)。当时的统治者认为,一些残余的查鲁亚部落在乡村特别是北部地区自由活动,这几乎与殖民前时代无异,他们的存在对整个运行有序的社会结构来说是一种不可逾越的"障碍"。但事实上不少土著居民曾在乌拉圭独立战争中与战争统领们(战争胜利后成为统治者)并肩作战,并且一直与乌拉圭民族英雄、独立运动领袖何塞·赫瓦西奥·阿蒂加斯(José Gervasio Artigas)保持着良好的关系。

1831 年 4 月 11 日,里维拉以需要他们守卫边界为借口,召集几位查鲁亚部落的酋长与他们的部落一起到萨尔西普埃德斯河畔会面(现今乌拉圭派桑杜〔Paysandú〕和塔夸伦博〔Tacuarembó〕的交界处)。这些土著居民在阿蒂加斯将军时代就已经跟随里维拉打仗了,因此对这次会面没有任何戒备与疑心。查鲁亚人到达约定地点以后受到了友好款待,他们将武器放在一边,喝起了奇恰酒。在酒精的作用下,他们很快就进入醉酒状态,这时里维拉的侄子贝尔纳贝·里维拉(Bernabé Rivera)率一支千余人的军队出动,开始屠杀查鲁亚人,连女人、小孩和老人都不放过。① 据乌拉圭官方资料,这次屠杀中共有40名查鲁亚人被杀害,300人被俘虏囚禁,另有一些人得以逃跑;乌拉圭方军队中1人死亡,9人受伤。有4名查鲁亚人被卖给了一个法国人,被运送到法国供研究并作为美洲大陆的"产品"进行展览。

1938年,在蒙得维的亚的普拉多街区竖立起一座"最后的查鲁亚人"纪念雕塑,雕刻的正是这4名被运送到法国的查鲁亚人。此外在萨尔西普埃德斯河附近的地方也立起了查鲁亚民族纪念牌。为了纪念在屠杀中遇难的查鲁亚人,每年4月这里会举办纪念活动(Cabalgata al Memorial Charrúa),吸引了众多历史学家、查鲁亚人后裔及游客前往参观。

在土著居民慢慢消失的过程中,这片土地逐渐被来自欧洲的陌生人侵占。故事在1492年8月3日拉开序幕。为获取香料和黄金,哥伦布(Cristóbal Colón)在西班牙王室的资助下率船队去寻找通往印度的新航路(当时通往东南亚的陆路被奥斯曼帝国垄断,海路则要经过风暴角好望角)。10月12日,经过

---

① Kein Fernando. "El destino de los indígenas del Uruguay", *Nómadas：Critical journal of social and juridical sciences*,2007 (15)：5.

70 天的航行后,船上的一名水手终于看到了陆地。哥伦布认为自己到达的地方为印度,因此称当地人为印第安人,但事实上船队到达之处大约在今天的巴哈马境内。在当地人的指引下,哥伦布探查了现今古巴的东北海岸,并在 10 月 28 日登陆古巴。此后,欧洲人开始踏足这片土地。虽然第一个踏入拉普拉塔河流域的胡安·迪亚斯·德·索利斯被查鲁亚人杀害了,但欧洲人的步伐并没有因此而停止,乌拉圭的殖民历史就此拉开。这对于西班牙、葡萄牙等欧洲国家来说意味着将要占有丰富的资源以及财富,但对当地土著居民来讲则意味着潘多拉魔盒的开启。

> 拉丁美洲是一个血管被切开的地区。自从发现美洲大陆至今,这个地区的一切先是被转化为欧洲资本,而后又转化为美国资本,并在遥远的权力中心积累……血液就这样通过所有这些渠道流走了,今日的发达国家过去就是这样发展起来的,不发达国家也就因此变得更不发达。
> ——爱德华多·加莱亚诺(Eduardo Galeano)《拉丁美洲被切开的血管》(*Las venas abiertas de América Latina*)

乌拉圭的命运开始与西班牙、葡萄牙等欧洲国家,以及同被殖民者入侵的美洲其他地区紧密相连。1535 年起,西班牙为了统治西属美洲,先后建立 4 个总督辖区:

新西班牙总督辖区(Virreinato de Nueva España):1535 年设立,首府墨西哥城。管辖今天墨西哥、中美洲及加勒比海诸岛、菲律宾等地。

秘鲁总督辖区(Virreinato de Perú)：1542 年设立，首府秘鲁。起初管辖整个西属南美地区，18 世纪又在其辖区内分出 2 个辖区。

新格拉纳达总督辖区(Virreinato de Granada)：1718 年设立，首府波哥大。管辖今天哥伦比亚、委内瑞拉、厄瓜多尔等地区。

拉普拉塔总督辖区(Virreinato de la Plata)：1776 年设立，首府布宜诺斯艾利斯。管辖今天阿根廷、乌拉圭、巴拉圭、玻利维亚等地区。

迪亚斯·德·索利斯被杀害之后，他的副手巴斯蒂安·卡伯特(Sebastián Caboto)率船队返回西班牙并于 1527 年再次前往这片土地，当时这里被称为东岸地区或东方班达(Banda Oriental)，即现今乌拉圭河以东，拉普拉塔河以北，大西洋沿线的乌拉圭以及巴西南里奥格兰德州(Río Grande do Sal)的领土。卡伯特见当地的瓜拉尼人戴着很多银制饰物，便认定这里有银矿，并以西班牙语中的"白银"一词命名了当地的一条河流，即拉普拉塔河。在西班牙君主的命令下，卡伯特在拉普拉塔河与巴拉纳河(Río Paraná)交汇处的东岸建了第一座营地——圣拉萨罗(San Lázaro)，位于现今卡梅洛城(Carmelo)东北几公里处。几天后，他又率一支探险队沿拉普拉塔河而上，最后到达圣萨尔瓦多河(Río San Salvador)河口，并在东岸建立了一个与河流同名的小要塞。1574 年，胡安·奥尔蒂斯·德·扎拉(Juan Ortiz de Zárate)在这个已成为废墟的要塞边建立了圣萨尔瓦多城(位于今天的多洛雷斯〔Dolores〕)，但在 1577 年，这个城堡再次荒废。

与此同时，传教士在那里也有一些传教活动。1616 年西班牙方济各会传教士来到东岸地区，向印第安人传教布道。1624 年方济各会传教士在贝尔纳迪诺·德·古斯曼(Bernardino de

Guzman)神父的带领下,在乌拉圭河下游的查纳印第安人中建立了圣多明各索里亚诺印第安人村(Reducción de Santo Domingo Soriano)(即今天乌拉圭索里亚诺城〔Soriano〕的前身)。同时耶稣会在北部地区的瓜拉尼人中建立了几个合作村,但这些合作村常常受到巴西圣保罗教教徒的进攻,因而不是很稳定。1767年耶稣会被西班牙人赶出美洲后,这些合作村也随之瓦解。

可以说,西班牙人为征服东岸地区做过不少尝试,除了前文提到的圣萨尔瓦多城,还于1552年建立了圣胡安(San Juan)要塞,但这些要塞均在建成后不久就被放弃了。除了土著居民,如查鲁亚人的顽强抵抗外,"缺少利用价值"也是西班牙人对这一地区征服较晚的一个原因。虽然卡伯特将拉普拉塔河命名为银河,但入侵者并没有在这里发现其渴求的金、银等贵金属以及有价值的农作物,瓜拉尼人穿戴的银其实是由安第斯山高地的印加人(Inca)生产的,因此在踏上这片土地的100多年时间里,除了一个无心插柳柳成荫的举动外,西班牙人并没有在这里开展大规模的殖民以及经济开发活动。

这个举动就是将牛、马引入了这一地区。1604年,埃尔南多·阿里亚斯·德·萨维德拉(Hernando Arias de Saavedra)在东岸地区旅行了大约6个月之后向西班牙国王传达了他对该地区的观察结果。他认为乌拉圭河以东的土地以及环境非常好,很适合放养牲畜,但当时西班牙国王并没有采纳他的建议。1610年,国王授予埃尔南多"自然保护者"(Protector de los Naturales)的称号,并授予他位于内格罗河(Río Negro)与乌拉圭河交汇处的两个岛屿,即今天的洛博斯岛(Isla de Lobos)和维兹卡伊诺岛(Isla Vizcaíno)。1611年,埃尔南多向这两个岛屿运送了一大批牛,之后,他又在东岸地区其他地方放养了大批的牛。在潘帕斯草原茂盛水草的滋养下,这批牛很快孕育成群。随着时间的流逝,东岸地区变成一个没有围栏的大牧场。正因如此,埃尔南多被认为是乌拉圭的养牛业之父。①

历史不会倒退也无法重演,我们永远无法得知,如果哥伦布没有发现新大陆,拉丁美洲的过去以及现在会是怎样的。但是,即使是已经发生的历史,我们后世所看到的就是准确无疑的吗?根据新历史主义的观点,历史充满断层,时空的不可逆致使往事已经发生的事实的历史本体已经被悬置。我们通常是怎样了解所谓"历史"的?是通过文字。但是关于拉丁美洲初期历史的文字是由胜利者——西班牙人书写的,我们很难不怀疑他们是在预设意识的裹挟下精心编织了往昔故事,而我们了解到的只可能是十之一二。正因为如此,之前提到哥伦布发现新大陆,人们通常会将其看作一件伟大的历史事件,而现在,我们对那段历史开始有了越来越多的反思和审视,历史不再仅仅由掌握话语权的欧洲人阐释。许多美洲国家开始对每年10月12日或10月的第二个星期一的哥伦布日进行抵制:2002年,委内瑞拉将"哥伦布日"改名为"原住民抵抗日"(Day of Indigenous Resistance),纪念原住民以及他们的遭遇;2019年3月,墨西哥总统致函西班牙国王和教皇方济各,呼吁他们为500年前欧洲征服美洲地区时犯下的侵犯人权行为道歉;2021年,美国宣布10月12日不仅仅是"哥伦布日",同时也是"原住民日"。由于被发现之初拉丁美洲的"血液"就流向了发达地区,这片土地注定陷入百年孤独的循环中,被时间抛弃,被外界抛弃,正如加西亚·马尔克斯(García Márquez)在诺贝尔文学

---

① Lockhart Washington. *Soriano:antecedentes,fundación y consecuencias*. Montevideo:Fundación de Cultura Universitaria,1975.

奖领奖台上发表题为"拉丁美洲的孤独"（La soledad de América Latina）的演讲时所说："现实是如此匪夷所思，生活在其中的我们，无论诗人或乞丐，战士或歹徒，都无须太多想象力，最大的挑战是无法用常规之法使别人相信我们真实的生活。朋友们，这就是我们孤独的症结所在。"百年的孤独需要时间去消解，与世界的和解首先需要正视、承认过去，在这个新的时代，希望"命中注定处于百年孤独的世家终会并永远享有存在于世的第二次机会"。

"友好"瓜分新大陆——科洛尼亚之争

　　2001年,乌拉圭发行了一套世界遗产邮票,共2枚,票面内容为该国入选世界遗产名录的科洛尼亚(Colonia)老城区图案。位于城市西边的科洛尼亚老城占地12公顷,于1995年被认定为世界文化遗产,是迄今为止乌拉圭仅有的3项世界遗产之一。老城的建筑完美融合了西班牙、葡萄牙和后殖民主义的风格,同时,它的存在也向我们展示了殖民时期西班牙、葡萄牙两国,乃至欧洲各国在新大陆你争我夺的疯狂历史。

科洛尼亚古建筑遗迹(杨光摄)

　　当时的新大陆就像是一块大蛋糕,西班牙、葡萄牙等国唯恐自己在抢夺中吃亏,不遗余力地动用各种方法将其划归到自己的统领之下。乌拉圭河东岸地区的战略地位很早就引起了葡萄牙人的关注,他们希望能够控制这个地区,并以此为桥头堡,向南美内陆地区扩张。

虽然西班牙和葡萄牙两国都觊觎着新大陆,但作为"文明人",肆意争抢似乎又有些说不过去,于是为了避免冲突,两国"友好和平"地瓜分了新大陆,西班牙和葡萄牙仅在发现新大陆2年后,即1494年6月7日,就在现今西班牙巴利亚多利德(Valladolid)的托德西利亚斯签订了《托德西利亚斯条约》(*Tratado de Tordesillas*)。该条约划定了双方在大西洋以及新大陆的航行和侵略区域,即以佛得角(Cabo Verde)群岛以西370里①的边线为界,东侧为葡萄牙领地,西侧归属西班牙。这个条约保证了西班牙不会干涉葡萄牙前往好望角的路线,也保证了葡萄牙不插足西班牙新发现的西印度群岛。2007年,联合国教科文组织将《托德西利亚斯条约》列入世界文化遗产并收录到"世界记忆"名录下,作为西班牙和葡萄牙两国共有的文化遗产。

但实际情况远不是一份条约能约定明确的,西、葡两国王室对《托德西利亚斯条约》中划定的界线就各执一词。鉴于条约的不准确和当时测量方法的落后,葡萄牙人认为分界线应再向西延伸一部分,所谓370里应从圣安唐岛(Santo Antão)开始测量,这样的话整个东方班达将被纳入葡萄牙的统治范围,西班牙人则认为应该从圣尼古劳岛(São Nicolau)开始测量,双方僵持不下。

1578年葡萄牙国王塞巴斯蒂安一世(Sebastião)逝世但没

---

① 西班牙里,1里约等于5572.7米。

有留下子嗣,为此葡萄牙掀起了一场王位继承战,参战主力分别是西班牙的菲利普二世(Felipe Ⅱ)和葡萄牙的安东尼奥(Antonio),他们都是葡萄牙前国王纽曼一世的孙子。最终西班牙一方获得胜利,菲利普二世于 1580 年成功即位,并于 1581 年获得承认,成为葡萄牙的菲利普一世(Felipe Ⅰ)。从此,葡萄牙的本土领地归属西班牙哈布斯堡王朝,直属卡斯蒂利亚王国。西、葡合并后的王国联盟(葡萄牙保留形式上的独立以及自治管理的权力)一直持续到 1640 年葡萄牙爆发王政复古战争才告终。西班牙国王登上葡萄牙王位意味着两国合二为一,这样的话,它们在新大陆的殖民地也不应再有边界,所以在此期间《托德西利亚斯条约》几乎不复存在。

上述 2 个主要原因导致葡萄牙人违背《托德西利亚斯条约》,越过划定的边界线逐步向西进入南美其他地区。1678 年 10 月 8 日,曼努埃尔·德·洛博(Manuel de Labo)出任巴西里约热内卢的地方长官一职。1679 年,在里约热内卢一些迫切想开拓南美其他区域市场的商人的支持下,德·洛博准备着手向拉普拉塔河流域扩张领土。1680 年 1 月,他命令一支葡萄牙舰队从巴西向南行驶进入拉普拉塔河河口,在距布宜诺斯艾利斯的西班牙人定居点仅一河之隔的东岸地区建立了第一个定居点——科洛尼亚·德尔萨克拉门托,即为人熟知的科洛尼亚,这是乌拉圭历史上最早的城市之一。自此,西班牙和葡萄牙对科洛尼亚的争夺持续了近一个世纪。

葡萄牙人建立定居点的区域归西班牙的拉普拉塔政府管辖,当时的首领是何塞·德·卡洛(José de Garro)。当卡洛得知领土被葡萄牙人侵占后,立即派人前往圣卡布里岛(San

Gabriel)①进行调查，此时距葡萄牙人建立科洛尼亚城仅过去一个月。当使者带回肯定的消息后，卡洛立即组织军队准备赶走葡萄牙人。同年8月，卡洛组织的西班牙军队进攻科洛尼亚并成功夺回这一地区，葡萄牙首领德·洛博被俘虏并被移送至布宜诺斯艾利斯，于3年后去世。

　　在葡萄牙人的抗议下，1681年5月7日，西、葡两国签订了《里斯本临时条约》(Tratado Provisional de Lisboa)，临时规定将科洛尼亚让给葡萄牙，同时归还枪炮、武器、各种装备，并处罚进攻的主使者卡洛。1701年6月18日，两国正式签订《里斯本条约》(Tratado de Lisboa)，其中有一项条款明确规定西班牙将科洛尼亚割让给葡萄牙，同时废除了1681年两国签订的临时协议。那么西班牙为什么会同意将科洛尼亚拱手相让呢？这里不得不提及1701—1713年间将欧洲诸多君主制国家卷入其中的西班牙王位继承大战。

　　西班牙哈布斯堡家族(Casa de Habsburgo)的君主卡洛斯二世(Carlos Ⅱ)于1700年逝世后并没有留下子嗣，王位空缺。卡洛斯二世死前，遭群臣挟制，不得不立遗嘱传位给侄孙菲利普(Felipe)。但因为菲利普也是法国国王路易十四(Louis XIV)的次孙，这一传位引起了奥地利哈布斯堡王室的不满，他们认为西班牙的王位应该由同是哈布斯堡王室的奥地利大公查理(Archiduque Charles)继承，实质上是为了遏制法国吞并西班牙而再次称霸欧洲，因此他们积极寻找同盟，对法宣战并企图夺回西班牙的王位。

　　正是在此背景下，西班牙和葡萄牙两国签署了《里斯本条约》。葡萄牙国王佩德罗二世(Pedro Ⅱ)保证自己将在王位大

_____

① 位于科洛尼亚附近的小岛。

战中支持法国的菲利普,而西班牙则将美洲的科洛尼亚移交给葡萄牙。

法国与西班牙、葡萄牙、巴伐利亚(德意志地区曾存在的一个王国)、萨伏依公国(曾经存在于西欧的独立公国,由萨伏依家族统治,领土包括今日意大利西北部和法国东南部的部分地区)及数个德意志诸侯国组成同盟;而神圣罗马帝国(旧时以德意志王国的日耳曼人国家群为核心,包括德国和奥地利的周边地区,即今荷兰、比利时、卢森堡、意大利北部、法国东部等地区)则与英国、荷兰、数个德意志诸侯国及大部分意大利城邦组成新的"反法大同盟"。1702 年 5 月,大同盟正式对法国宣战。但是 1703 年葡萄牙倒戈加入"反法大同盟",《里斯本条约》也就此失去了效力。

1705 年,经过 5 个月的围攻,西班牙人又夺回了科洛尼亚,之后他们对该地的占领持续了 10 年。但到了 1715 年又不得不将该地交给葡萄牙王室,因为根据 1713 年签订的《乌得勒支条约》(*Tratado de Utrecht*),该地归葡萄牙所有。

《乌得勒支条约》不是单一的文件,而是一系列和平条约的总称。总体来说,它的签订标志着西班牙王位继承大战的结束。根据《乌得勒支条约》,菲利普继承西班牙王位,成为西班牙国王菲利普五世(Felipe V de España),但他必须放弃法国王位的继承权,并做出其他相应的承诺,保证法国王位与西班牙王位永远不能由同一人继承。这样做是为了确保法国和西班牙不会结盟,以维持欧洲各国的力量均势。至此,法国国王路易十四称霸欧洲的野心落空,欧洲体系的权力平衡在此基础上得到维持。

与此同时,西班牙在欧洲的属地几乎被其他国家瓜分殆尽。作为与之结盟的报偿,萨伏依公国最终得到以前属于西班牙的撒丁岛。西班牙在地中海的其余属地——米兰、那不勒斯、西属尼德兰(即比利时)和西西里岛转给奥地利哈布斯堡家族,西属尼德兰变成了奥属尼德兰。值得一提的是,在此期间,英国的实力大大加强:英格兰和苏格兰实现合并,并从西班牙获得米诺卡岛、直布罗陀和贩奴商业贸易特权,从法国夺得纽芬兰岛和新斯科舍岛。而葡萄牙在这场瓜分大战中再次夺得科洛尼亚。

在此期间,乌拉圭另一座重要城市蒙得维的亚也登上了历史的舞台。在收复科洛尼亚后,葡萄牙人企图继续扩张领土。1723 年 11 月,葡萄牙地方长官曼努埃尔·德弗雷塔斯·达丰塞卡(Manuel de Freitas da Fonseca)率一支海上探险队从巴西出发进入拉普拉塔河沿岸港口。入侵的消息立即引起了当时布宜诺斯艾利斯省省长布鲁诺·毛里西奥·德·萨瓦拉(Bruno Maurichio de Zabala)的反应,他要求葡萄牙人立即撤退。之后,西班牙国王菲利普五世委托萨瓦拉建造一座堡垒以控制葡萄牙的活动,这就是蒙得维的亚的雏形。所以说,蒙得维的亚的建造实际上完全是基于军事目的,它主要用于抵抗葡萄牙人的入侵,特别是他们从科洛尼亚发起的入侵。

关于蒙得维的亚这个名字的来源至今有多个说法,但都与海湾附近的山有关。其中一种说法是麦哲伦探险队的一名水手航行到此,看到了附近的一座山,脱口而出:"Monte vide eu este."(我看到了东边的一座山。)但这一说法一直遭到质疑,因为这并不是一句正宗规范的葡萄牙语,而更像是一个不太可能被使用的多种语言混合在一起的句子。

1724—1730 年,来自布宜诺斯艾利斯和西班牙加那利群岛(Islas Canarias)(位于大西洋中,在摩洛哥以西 100 公里处的西班牙领土)的定居者,即蒙得维的亚最初的居民陆续抵达。

1730 年西班牙在蒙得维的亚建立了地方政权——市政厅,从此蒙得维的亚逐渐成为东岸地区的主要行政中心与西班牙在南大西洋重要的港口和基地。

乌拉圭现今首都蒙得维的亚的故事自此拉开了序幕,但科洛尼亚的争夺战仍然没有结束。历史的发展充满了不确定性,西、葡两国的争夺也还在继续。1750 年西班牙与葡萄牙签订了《马德里条约》(*Tratado de Madrid*)以确定两国在南美新大陆的领域划分。条约规定科洛尼亚归西班牙所有,但西班牙必须将巴拉圭耶稣会布道区的大部分领土割让给葡萄牙;同时规定,如果葡萄牙和西班牙在欧洲发生战争,它们在南美洲的领土不被卷入其中。

然而直到 10 年后,葡萄牙仍没有将这个港口交还给西班牙,这使得西班牙国王卡洛斯三世(Carlos Ⅲ)废除了这个条约,西班牙军队于 1762 年占领了科洛尼亚,并于同年加入"七年战争"。随着 1763 年《巴黎条约》(*Tratado de París*)的签订,七年战争结束。该条约规定西班牙割让佛罗里达与密西西比河以东和东南的殖民地给大不列颠;同时从法国手中夺回了路易斯安那,并从英国夺回了战时被占领的哈瓦那港和菲律宾马尼拉城。科洛尼亚,又一次变更了所属,被划归葡萄牙。

为了遏制葡萄牙人及英国人的扩张野心,西班牙于 1776 年从秘鲁总督辖区中划分出了拉普拉塔总督辖区,首府布宜诺斯艾利斯,管辖今天阿根廷、乌拉圭、巴拉圭和玻利维亚等地。科洛尼亚被葡萄牙人占领 14 年后(1777 年),西班牙王国卡洛斯三世向里奥格兰德河(Río Grande)派出了由 80 多艘船和 9000 余人组成的第二远征队,其中有当时刚成立不久的拉普拉塔总督辖区的总督佩德罗·德·塞瓦约(Pedro de Cevallos),另外还有由安东尼奥·奥拉格尔·费利乌(Antonio Olaguer

Feliú)中校指挥的西班牙第六步兵团萨博亚（Regimiento de Infantería «Saboya» n.º 6）。远征队最终占领了科洛尼亚。同年，西、葡两国签署《圣伊尔德丰索条约》（*Tratado de San Ildefonso*），再一次对双方在南美洲的领土进行了划定。根据该条约，西班牙和葡萄牙以内格罗河为边界；葡萄牙将科洛尼亚、圣加布里埃尔岛（San Gabriel）（今乌拉圭南部）以及几内亚海域的安诺本岛（Annobón）和费尔南多普岛（Fernando Poo）割让给西班牙，以换取西班牙从巴西南岸的圣卡塔琳娜岛（Santa Catarina）撤军。至此，西、葡两国的科洛尼亚之争总算暂时落下了帷幕，科洛尼亚归属西班牙所有。

随着西班牙取得对东岸地区的控制权，移民定居点先后建立起来，这里也是西班牙人在南美建立的最后一块殖民地。到18世纪中叶，沿海一带出现了几个城镇，如索里亚诺、科洛尼亚、蒙得维的亚、马尔多纳多（Maldonado）、拉斯皮德拉斯（Las Piedras）等。随后，西班牙移民开始向内陆地区扩张。到1810年，大约建立了13个城镇。东岸地区成为西班牙和葡萄牙之间的一个缓冲地区。

然而1816年发生了葡萄牙–巴西入侵（Invasión Luso-brasileña）事件，在现今乌拉圭、阿根廷美索不达米亚地区、巴西南部等地发生了战争，最后以东岸地区被并入巴西，成为巴西的一个省份西斯普拉丁（Provencia Cisplatina）而结束，这样一来，科洛尼亚以另一种形式又一次落入葡萄牙人手里。但这是以后的故事了。

在1828年乌拉圭完全独立，正式建立乌拉圭东岸共和国之前，除持续不断的西葡争斗外，科洛尼亚还曾被英国人控制。在前文提到的西班牙王位继承大战中，最大的得胜者是英国。战争期间，英格兰和苏格兰实现了合并；英国在直布罗陀和米诺卡岛有了立足之地,遂成为地中海地区的一个强国。但对英国构成较大威胁的比利时却落入奥地利的手中。然而相比属地的扩大,英国从西班牙方面攫取来的贩奴特许证似乎更具价值。贩奴特许证是向西属美洲提供非洲奴隶的有利可图的特权。在随后的几十年中,布里斯托和利物浦的大多数财富都是来自贩奴贸易。此外,根据这一特权,英国每年可以向巴拿马的波托韦洛港(Portobelo)运进一船英国货,这也提供了从事人口以外的其他非法贸易的机会。① 自此,英国人开始进入一个向西属美洲大规模走私的时代。

1796 年英国与西班牙交战,英国控制了西班牙与南美殖民地之间的海上通道。在随后爆发的拿破仑战争(Guerras Napoleónicas)中,西班牙与法国结盟抗衡英国,并在法国的支持下于 1804 年向英国宣战,史称西英战争(1804—1809)(La Guerra Anglo-española)。它们之间的这场战争也蔓延到了美洲大陆。1806 和 1807 年,英国向西班牙在拉普拉塔河附近的领地发起了两次进攻,但都以失败告终。1806 年英国人占领了布宜诺斯艾利斯,但这次占领仅持续了 45 天就被来自布宜诺斯艾利斯和附近城镇的民众、民兵及来自蒙得维的亚的援军赶走了,这一事件史称"重新占领"(Reconquista)。1807 年,英军再次出动,在攻占蒙得维的亚后企图再次占领布宜诺斯艾利斯,但同样被驱赶,这次西班牙人的抵抗被称为"防御事件"(Defensa)。当时因担心西班牙人从科洛尼亚向蒙得维的亚输送军事力量,英军海军上将缪尔·奥克缪蒂(Samuel Auchmuty)命人攻占科洛尼亚,就这样,1807 年 3 月,科洛尼亚落入了英国人

---

① R. R. 帕尔默、乔·科尔顿、劳埃德·克莱默:《现代世界史》,何兆武、孙福生、董正华等译,世界图书出版公司 2009 年版,第 56 页。

手中。

英国对东岸地区的占领尽管只维持了 7 个月时间,时间很短,却对当地,尤其是蒙得维的亚的政治、经济和社会发展产生了深远影响。英国在占领期间将大量出版物从英国运来,英国人还用英文和西班牙文 2 种文字出版了周报《南方之星报》(*La Estrella del Sur*),使自由主义新思想在新大陆传播。与此同时,英国相对民主的管理方法暴露了西班牙专制统治的弊端。英国指挥官奥克缪蒂一方面要求原有的民事机构继续执行公务,并采取严厉措施防止部队滋扰当地民众,另一方面还开放了蒙得维的亚市政会,允许当地土生白人(Criollo)行使他们的权利。此外,英国的占领促进了蒙得维的亚的商业繁荣。1806年一支由 66 艘英国商船组成的商船队,随同军舰驶入了蒙得维的亚的港口。这些商人在蒙得维的亚开设了很多商店。为了推销商品,英国商人在报纸上大做广告。英国占领当局还将平均关税从 50％降到了 12.5％。于是"不久它就好像是一个英国殖民地,而不像一个西班牙殖民地了"。英国军人和商人还结交了很多当地人。当英军被打败后,很多士兵拒绝上船返回家乡,而宁愿留在这里。许多商人回国后又很快重返拉普拉塔河地区谋求发展。对于东岸人来说,他们的生活也不像原来那样了。①

与此同时,"重新占领"和"防御事件"对 1810 年阿根廷爆发的五月革命(Revolución de Mayo)起到了一定的推动作用,进而也可以被视为拉丁美洲独立运动的前奏。在这两次事件中,人民的意志第一次高于西班牙国王的统领。当时布宜诺斯

①　贺双荣:《列国志·乌拉圭》,社会科学文献出版社 2010 年版,第 37 页。

艾利斯的市民们废黜了西班牙国王任命的总督,选举法国人圣
地亚哥·德·利尼耶斯(Santiago de Liniers)取而代之,同时成
立了由民兵组成的爱国者团(Regimiento de Patricios),并由他
们自己选出团长——科内利奥·萨维德拉(Cornelio Saavedra),
未来他将成为第一任"洪达"(Junta,即执政委员会)领袖。这
支民兵团队也为将来成立一股反抗保皇党军队的力量奠定了
基础。

我们再来回顾一下科洛尼亚被疯狂撕扯的历史:

1680年葡萄牙人在此建立定居点,几个月后西班牙人将其
火速夺回;1701年《里斯本条约》将其划给葡萄牙,1705年西班
牙夺回;1713年《乌得勒支条约》将其划给葡萄牙,1750年《马
德里条约》将其划给西班牙;1763年《巴黎条约》将其划给葡萄
牙;1777年《圣伊尔德丰索条约》将其划给西班牙;后在西英战
争期间于1807年被英国占领。

西、葡两国持续近百年,看上去不无滑稽的无序争夺杂糅
着欧洲各方势力的拉扯及各种利益的交换,欧洲王位继承大
战、"七年战争"、拿破仑战争、英西战争等全部与之有着千丝万
缕的关联。这一切背后的推力终究还是殖民者的蛮横、无理与
贪婪。但是从另一个角度来说,东岸地区在各方势力的角逐下
也逐渐发展起来了。

"除却自由，我无以捍卫亦无所畏惧"
——阿蒂加斯

　　18 世纪末 19 世纪初，美洲人民的独立意识觉醒，争取独立、自由、民主的革命运动蓬勃兴起，革命热情不断高涨。1816年，阿根廷第一个宣布独立，随即智利、玻利维亚、哥伦比亚、厄瓜多尔和委内瑞拉也宣告独立；1821 年，墨西哥与新西班牙总督辖区其他地区(包括中美洲及加勒比海诸岛、菲律宾等地)一起宣告独立。然而乌拉圭人民的独立之路更为崎岖坎坷。位于现今阿根廷和巴西两个大国之间，乌拉圭在独立解放的道路上不仅要与西班牙进行斗争，还牵扯到阿根廷、葡萄牙、后来独立的巴西，甚至是英国。乌拉圭独立之路的曲折、艰难，在"独立之父""东岸民族的奠基人"何塞·赫瓦西奥·阿蒂加斯的人生经历中体现得淋漓尽致。

　　1764 年 6 月 19 日，阿蒂加斯出生在蒙得维的亚市(当时拉普拉塔总督辖区还未成立，这里仍隶属于秘鲁总督辖区)。他的祖父母是从西班牙加纳利群岛迁来的第一批蒙得维的亚居民，之后受册封成为名门乡绅。祖父担任过蒙得维的亚乡村辖区的首席警务官；父亲既是农场主也是当地的军政要人，曾担任中尉、上尉、民警裁判官、地方巡官。

　　阿蒂加斯自小就受到当时最好的教育。年轻时他被送入圣贝纳迪诺修道院(San Bernardino)学习，并在那里学会了算术及拉丁文。但阿蒂加斯不是一个出色的学生，而是表现出对乡村田野的热爱，常常跑到父亲的牧场学习骑马。他很快成为一名专业骑手，能娴熟地驭马。1797年3月，32岁的阿蒂加斯加入了骑兵团（Blandengues de Montevideo）（西班牙王国承认的、于拉普拉塔总督辖区内为守卫边界组成的民兵队），由于英勇善战，很快从一个士兵升为骑兵团的副团长。之后抵抗英军入侵，他也参与其中。

在拿破仑战争期间英法两国斗争的背景下，1806年法国宣布封锁大陆，禁止欧洲大陆与英国进行贸易往来，但英国的盟友葡萄牙无视这一禁令。1807年，为入侵葡萄牙，法国和西班牙签署了《枫丹白露条约》（Tratado de Fontainebleau），其中一条就是西班牙允许法军进入并通过其领土到达葡萄牙。按照条约规定，1807年10月，法军进入西班牙境内并于同年秋天到达葡萄牙边境。但是，随着进入西班牙的法军越来越多，他们没有继续前进，而是侵占了西班牙几个重要城市，如萨拉曼卡（Salamanca）、巴塞罗那（Barcelona）、圣塞巴斯蒂安（San Sebastián）等。驻扎在西班牙的法国士兵总数约为6.5万人，他们不仅控制了与葡萄牙的交通，还控制了与马德里的交通，至此拿破仑攻占西班牙的企图暴露无遗，西班牙人奋起反抗。西班牙方面称这一事件为独立战争（Guerra de la Independencia Española，1808—1814）。1808年法军打败西班牙，拿破仑迫使西班牙国王费尔南多七世（Fernando Ⅶ）退位，立自己的哥哥约瑟夫·波拿巴（Joseph Bonaparte）为王。

这一消息随一艘英国商船传到了蒙得维的亚。对于当地居民来说，他们似乎不再属于任何人：费尔南多七世遭到囚禁，宗主国西班牙的统治权也已落入他人之手。在这一背景下，拉丁美洲各国人民在当地土生白人的领导下，开始了一系列起义活动。1809年5月25日，拉普拉塔总督辖区的丘基萨卡市

(Chuquisaca)发生了第一次起义。随后,这一浪潮席卷整个南美大陆,引发了西班牙美洲独立战争。

1810 年,拉普拉塔总督辖区的首府布宜诺斯艾利斯爆发了五月革命:5 月 25 日,布宜诺斯艾利斯的土生白人接管了政府,迫使西班牙总督退位。布宜诺斯艾利斯的革命者建立了第一个"洪达"以取代西班牙统治,同时废除拉普拉塔总督辖区,由拉普拉塔联合省(Provincias Unidas del Río de la Plata)取而代之①。随即,当地的西班牙人控制了蒙得维的亚,并以之为中心,与布宜诺斯艾利斯的"洪达"进行斗争,同时向西班牙请求派遣新的总督及提供军事支援。1811 年,新总督弗兰西斯科·哈维尔·德·埃利奥(Francisco Javier de Elío)到达蒙得维的亚,但并不被"洪达"承认。2 月 15 日,埃利奥向布宜诺斯艾利斯的"洪达"宣战。同属拉普拉塔总督辖区的东岸地区也采取了行动。2 月 28 日,佩德罗·何塞·比埃拉(Pedro Jose Viera)和贝南西奥·贝纳维斯(Venancio Benavidez)在索里亚诺的阿森西奥河的(Asencio)岸边发出了"独立之声"(Grito de Independencia),又称"阿森西奥之声"(Crito de Asencio),以声援布宜诺斯艾利斯的"洪达"。"独立之声"被认为是乌拉圭为自由而战的标志性开端。第二天他们就占领了索里亚诺首府梅塞雷斯(Mercedes)市政府,并向布宜诺斯艾利斯"洪达"请求支援,之后又陆续解放了其他几座东岸城市,包括科洛尼亚。

当时,阿蒂加斯仍属于西班牙总督军团中的一员,并且已经被任命为骑兵团首领,在科洛尼亚供职。得知布宜诺斯艾利斯爆发起义后,他马上放弃职位,渡过拉普拉塔河,到达布宜诺

---

① 当时新政权内部对立严重,特别是首府布宜诺斯艾利斯与其他各省之间对立明显。

斯艾利斯,参加了反抗西班牙人的战争。1811年3月初,阿蒂加斯在布宜诺斯艾利斯被任命为司令官,统率东岸地区所有的起义军。4月初,他渡过乌拉圭河,在派桑杜登陆,加入了东岸人民的革命斗争。5月初,阿蒂加斯指挥大约1000名爱国者在蒙得维的亚周围组成了松散的包围圈。5月18日,在拉斯皮德拉斯战役(Batalla de las Piedras)中,阿蒂加斯率领的军队经过6小时激战,将蒙得维的亚围困住并切断了西班牙人通往内陆的补给线。至此,蒙得维的亚成为西班牙人在东岸地区最后的堡垒。这次战役是东岸人民开始独立战争以来取得的第一次胜利,它也使阿蒂加斯成为东岸地区唯一的真正领袖。意气风发的阿蒂加斯绝对没有想到,之后阻碍他领导人民取得自由、独立的不仅仅是西班牙殖民者,更有多方势力甚至是此时此刻与他一同奋战的同胞。

被围困在蒙得维的亚的西班牙守军弹尽粮绝,总督埃利奥不得不向在巴西避难的葡萄牙王室寻求帮助。葡萄牙摄政王胡安·德·布拉甘萨(Juan de Braganza)随即向埃利奥派遣了一支4000人左右的支援队。西班牙援军的到来使得布宜诺斯艾利斯政府有所担心,为此布宜诺斯艾利斯的"洪达"同埃利奥进行了协商,协商主要内容为:东岸人放弃对蒙得维的亚的包围,东岸地区管理统治权归属西班牙总督埃利奥;埃利奥承诺解除对布宜诺斯艾利斯的海上封锁,不对那些与他作战的人采取报复措施。同时,葡萄牙人撤离该地区。

阿蒂加斯对这一商议结果并不满意。1811年9月10日,在维达尔面包店(Panadería de Vidal),蒙得维的亚城外的大量居民聚集,他们被布宜诺斯艾利斯代表团的何塞·隆德乌(José Rondeau)等人召集至此。布宜诺斯艾利斯代表团的人保证,居民绝不会遭到西班牙方面的报复,但东岸人仍然坚决反对协议的签订,并宣称他们一定会为自由战斗到底。

同年 10 月,布宜诺斯艾利斯和西班牙签署了初步协议。隆德乌再次与东岸人民会面,这次埃利奥的一位助手也参加了集会。尽管布宜诺斯艾利斯方面承诺在需要的时候一定会提供救援与帮助,埃利奥这边也保证会认真履行协议,东岸人民的信念丝毫没有改变:他们不会屈服,将坚定地跟随阿蒂加斯为自由而战。

10 月 12 日,对蒙得维的亚的围困开始解除,阿蒂加斯的军队以及追随他的民众退到圣何塞河(Río San José)附近并建起了一座营地。10 月 20 日,在蒙得维的亚,布宜诺斯艾利斯"洪达"和西班牙总督埃利奥终于正式签订了和平协议(Tratado de Pacificación),约定东岸地区归属西班牙。3 天后,这个消息传到了阿蒂加斯的营地,聚集在那里的人立即举行了一场大会。悲痛与不安的人们声称他们绝不会屈服于西班牙人的统治,并一致决定迁往埃利奥管辖区外的一处地点,在条件允许的情况下夺回自己的城市。就这样,乌拉圭历史上甚至是美洲独立史上悲壮而又令人钦佩并不乏戏剧性的事件"东岸人的出走"(Éxodo del Pueblo Oriental)开始了。占当时全国人口 1/4 的东岸人在阿蒂加斯的率领下离开了他们的家园,踏上了一条漫长而艰险的征途。这支浩浩荡荡的队伍除了 3000 名部队官兵外,还有 1.3 万名平民。

东岸人对他们的精神领袖阿蒂加斯的信任与敬佩,对自由的向往与渴望,使他们在流亡路上充满了坚定的希望与勇气。这些东岸人尽可能地销毁了那些带不走又不愿留给侵略者的家产,赶着牛车,肩背手提甚至用头顶着自己的财产,缓慢地走在流亡的道路上。尽管这支散漫的流亡者队伍几乎成为阿蒂加斯军队行动的障碍,但阿蒂加斯对这些无条件信任并推举他为自由革命领袖的人民充满了慈父般的关怀。① 1812 年 1 月,这支流亡者队伍经过 2 个多月的跋涉,横渡乌拉圭河,到达了现今阿根廷恩特雷里奥斯省(Entre Ríos)的康科迪亚(Concordia, Entre Ríos)(当时这一地区属于米西奥内斯省管辖区),并在附近扎营。这次"东岸人的出走"被认为是乌拉圭国家形成的第一步。

　　现如今,在乌拉圭蒙得维的亚独立广场(Plaza Independencia)中央矗立着的正是阿蒂加斯的雕像,雕像之下是他的陵墓,中央放着棺椁供人瞻仰。雕像底座的浮雕展示了当时"东岸人的出走"的情形。在阿根廷康科迪亚的圣卡洛斯公园(Parque San Carlos),即当时阿蒂加斯一行人出走的终点同样有一座"东岸人的出走纪念碑"(Monumento al Éxodo Oriental)。2011 年,为纪念东岸人出走 200 年,这里又增加了一片"出走之路"(Paseo de la Redota)的区域展板来展示当时的历史。

蒙得维的亚街头的阿蒂加斯雕像(杨光摄)

---

　　①　张笑寒:《乌拉圭:钻石之国的历史与文化》,上海社会科学院出版社 2020 年版,第 59 页。

1812 年,西班牙方面撤出蒙得维的亚,停战协定随之被撕毁。布宜诺斯艾利斯的部队在曼努埃尔·德·萨拉蒂亚(Manuel de Sarratea)的带领下重新围攻蒙得维的亚,同时竭力削弱阿蒂加斯的势力。在萨拉蒂亚撤退后,阿蒂加斯带着部队再次加入了对蒙得维的亚的围攻。

五月革命后建立的布宜诺斯艾利斯第一"洪达"在 1810 年吸收了拉普拉塔联合省中其他各省的代表,改为"大洪达"(Junta Grande)。1811 年 9 月,"大洪达"被第一"三头同盟"政府(Primer Triunvirato)取代;1812 年 10 月,第二"三头同盟"(Segundo Triunvirato)又取而代之。第二"三头同盟"成立后,布宜诺斯艾利斯市政会通过了一项新政府必须遵守的条例,即必须召开各联合省大会。这次大会的主要目的是起草一部临时宪法,广泛听取人民的呼声。在大会举行之前,各省人民将选举出他们的参会代表,这些代表必须携带函件与会,列明他们代表的人民的心声与意愿。

为此,阿蒂加斯于 1813 年 4 月召开制宪会议,选举东岸省(Provencia Oriental)的参会代表并商讨本省的诉求。他将自己的观点写在《1813 年指导方针》(Instrucciones del Año XIII)中,除了要求正式建立东岸省外,他还提出:拉普拉塔联合省脱离西班牙,宣布独立;各省组成一个单一国家,最初是一个联邦,随后以联邦制为基础,实行民主共和制;布宜诺斯艾利斯将不再作为首都。阿蒂加斯的这些思想在东岸省制宪会议上得到通过,并指引了乌拉圭未来的命运。为纪念这一历史事件,至今在蒙得维的亚议会大厦中仍悬挂着狄奥亨斯·赫克特(Diogenes Hequet)所作的一幅题为《1813 年 4 月议会》(Congreso del año XIII)的大型油画。

然而,当东岸人将他们的这些诉求带到布宜诺斯艾利斯参加各联合省大会时,只有 2 位代表被允许入内,其他代表都被拒之门外,理由是他们不符合既定的代表选举规定。但这个说法似乎有些牵强,因为其他省以同样方式选出的代表都被允许进入会场。拒绝的主要原因在于这些诉求与布宜诺斯艾利斯方面秉承的观点相抵触。对于他们来讲,国家必须根据政治等级原则来组织。要做到这一点,就必须建立一个中央集权的强大政府,并且各省必须服从于这个政府,只有这样,才有发展的可能性。如果统治阶级有能力制定公正、平衡和合理的法律,所有人都必须服从这种法律,这样才能走上进步、文化和繁荣的道路。而且统治阶级必定来自开明阶级,居住在城市,特别是住在布宜诺斯艾利斯。与此相反,阿蒂加斯在《1813 年指导方针》中标榜省级平等,一种在某种程度上高于阶级的权力平等。这对于当时的第二"三头同盟"来讲无异于一种非理性的思维模式,它意味着把"文明"和"野蛮"放在同一水平上。

然而,东岸代表带到布宜诺斯艾利斯的思想观点在其他省份中却引起了阿蒂加斯从未预想到的强烈反响。《1813 年指导方针》在圣菲(Santa Fe)省传播开来,并极有可能传到了沿海的其他省份,得到了那些受布宜诺斯艾利斯独裁统治压迫的其他省份的支持。

这两种高度对立的政治意识形态最终导致阿蒂加斯和布宜诺斯艾利斯政府决裂。1814 年 1 月 20 日,为摆脱束缚、重新独立,阿蒂加斯率一支私人卫队连同大部分东岸军从包围蒙得维的亚的前线撤出,退到了乌拉圭河附近,与西班牙保皇党、布宜诺斯艾利斯政府及忠于布宜诺斯艾利斯政府的东岸人展开了"三方战争"。阿蒂加斯从蒙得维的亚的包围圈中撤出后,拉普拉塔联合省的最高负责人热尔瓦西奥·安东尼奥·波萨达斯(Gervasio Antonio Posadas)很快于 1814 年 2 月 11 日签署法令,宣称阿蒂加斯为"祖国的叛徒"。法令中控告阿蒂加斯密谋破坏拉普拉塔地区爱国者的团结,而这些爱国者一直为夺取保皇党的主要据点蒙得维的亚而战。

1814 年,阿蒂加斯组织成立了自由人民联盟(Unión de los Pueblos Libres),或称六省联邦同盟(La Liga Federal),由东岸省和拉普拉塔联合省中其他 5 个同样支持联邦制的省份——科尔多瓦(Córdoba)、科连特斯(Corrientes)、恩特雷里奥斯、圣菲和米西奥内斯(Misiones)组成。六省联邦同盟并肩作战,与以布宜诺斯艾利斯为代表的支持集权、独裁统治的其他省份对抗。

根据阿蒂加斯的设想,未来国家应该由自治省组成,各自治省之间以条约规范彼此的行为。也就是说,每个省都有一个主管的地方政府,由它来处理内部事务,这是他认为保护"人民主权"的重要方式。此外,每个省都应该有自己的军队,因为阿尔蒂加斯支持人民拥有持有武器的权利。实际上,阿蒂加斯对六省联邦同盟中各省的自治政府没有任何控制力,他仅仅称自己为"自由人民的保卫者",负责处理对外关系以及指挥战争。1815 年,阿蒂加斯设计了六省联邦同盟旗,它由蓝、白、红三色组成,这明显是受到了法国大革命的启发。蓝、白、红三条横向条纹由上到下排列,一条横贯左上角和右下角的红色条纹置于横条纹之上。现在乌拉圭除了国旗之外,还有官方承认的更加具有国家象征意义的两面旗帜,其中之一就是这种联邦同盟旗,更多时候被称作阿蒂加斯旗(Bandera de Artigas)。阿蒂加斯手下一个士兵的妻子制作了这样一面旗子,上面写着"除却自由,我无以捍卫亦无所畏惧"。

另一边,拉普拉塔联合省围攻蒙得维的亚的战斗仍未结束。1814 年,联合省最高负责人波萨达斯任命卡洛斯·玛利亚·德·阿尔维亚尔(Carlos María de Alvear)为总司令。同年6月20日,通过阿尔维亚尔的谈判,驻扎在蒙得维的亚的保皇党军队向拉普拉塔联合省政府投降,随后阿蒂加斯要求将蒙得维的亚交还给东岸人。1815年1月10日,拉普拉塔联合省政府军与阿蒂加斯的联邦军在瓜亚博斯(Guayabos)交战,史称瓜亚博斯之战(Batalla de Guayabos),双方分别由曼努埃尔·多雷戈(Manuel Dorreg)和弗卢克图奥索·里维拉统领。一开始,多雷戈方面占据上风,但后来他的几支部队转投了联邦军,最后战争以阿蒂加斯联邦军的胜利而结束。

随后,拉普拉塔联合省最高负责人(当时是阿尔维亚尔)宣布放弃东岸地区。1815年3月4日,政府军撤出蒙得维的亚之前对这座城市进行了洗劫,掠走了所有的武器及金钱,并且炸毁了市内一座火药库,导致近百名平民死亡。瓜亚博斯之战提高了阿蒂加斯的威信,意味着东岸地区直接脱离拉普拉塔联合省,为不久后的独立埋下了种子。但是至此为止,联邦制的问题仍没有得到解决,这为之后拉普拉塔地区的和平及发展留下了隐患。

阿蒂加斯及六省联邦同盟的影响力和威望不断提升,使得周边地区,如阿根廷(1816年7月宣布独立)、葡萄牙感到不安。1816年8月,葡萄牙-巴西军队在卡洛斯·费德里科·莱科(Carlos Federico Lecor)的率领下,经由阿根廷默许,从巴西入侵东岸地区,并于1817年1月占领了蒙得维的亚,历史上称"葡萄牙-巴西入侵事件"。对于这次入侵,阿蒂加斯与六省联邦同盟中继续追随他的几位军官进行了4年多顽强的抵抗。在与葡裔巴西人对抗的同时,阿蒂加斯对阿根廷方面的默许以及无动于衷感到愤怒,并向他们宣战,但军队连连败退。

1820年的塔夸伦博战役意味着阿蒂加斯的彻底失败,之后他们不得不撤出东岸地区。1821 年葡萄牙将东岸地区并入葡属巴西,称为西斯普拉丁省。几位追随阿蒂加斯的军官或是被俘虏,或是退出了战斗,而其中一位,我们之前提到的弗卢克图奥索·里维拉则转投葡萄牙军队。几乎在同一时间,六省联邦同盟中恩特雷里奥斯和圣菲的领导人弗朗西斯科·拉米雷斯(Francisco Ramírez)、埃斯塔尼斯劳·洛佩斯(Estanislao López)终于取得了对集权专治派的胜利。但当他们得知阿蒂加斯几乎已经完全失败后,便与布宜诺斯艾利斯的新任统治者曼努埃尔·德·萨拉蒂亚签订了《皮拉尔条约》(*Tratado de Pilar*)。塔夸伦博战役后,战败的阿蒂加斯定居在恩特雷里奥斯,在那里他与拉米雷斯发生了激烈冲突。之后在布宜诺斯艾利斯政府的支持下,拉米雷斯开始了反对阿蒂加斯的运动,并在巴拉那(Paraná)附近的拉斯图纳斯战役(Batalla de Las Tunas)中成功击败了阿蒂加斯。

1820 年 9 月 5 日,在多方夹击下的阿蒂加斯被迫离开故土,越过巴拉那河流亡巴拉圭。巴拉圭当时的独裁者向阿蒂加斯提供庇护,但也小心翼翼地避免阿蒂加斯干预政治,同时禁止阿蒂加斯与巴拉圭以外的任何人来往。在此之后,这位民族英雄再也没有踏上那片他为之战斗、保卫过的土地。1850 年 9 月 23 日,86 岁的阿蒂加斯死于巴拉圭的亚松森(Asunción)。据说阿蒂加斯临死之时说的最后一句话是:"Mi caballo. Tráiganme mi caballo."(我的马。把我的马牵来。)死后他被葬于雷科莱塔公墓(Cementerio de la Recoleta),在死亡书上仅简单写着:"1850 年 9 月 23 日,在雷科莱塔教区,我,作为代理教父,于公墓 3 号墓 26 号坑埋葬了一位叫何塞·阿蒂加斯的外国人。"这一简单的介绍与后来乌拉圭中央公墓的墓志铭形成了鲜明的对比。1855 年,阿蒂加斯的遗体被运回乌拉圭,并葬于乌拉圭中央公墓的国家万神殿,上书"阿蒂加斯:东岸民族的建立者"(Artigas:fundador de la nacionalidad oriental),后被移至现今蒙得维的亚独立广场的陵墓中。

自从葡萄牙占领了东岸地区,当地人民的反抗斗争一直没有停止过。1822年巴西脱离葡萄牙独立,东岸人民的反抗运动仍在继续进行。1825年4月19日,在阿根廷的支持下,33位东岸爱国者,由胡安·安东尼奥·拉瓦列哈(Juan Antonio Lavalleja)和曼努埃尔·奥里韦(Manuel Oribe)领导,从布宜诺斯艾利斯出发,到达东岸地区,决心赶走巴西人,解放故土。

拉瓦列哈曾追随阿蒂加斯,在葡萄牙-巴西人入侵之时就进行了顽强的抵抗,早在1822年就开始行动了。他在布宜诺斯艾利斯组织了一次军事远征,目的就是驱逐巴西人,将东岸省并入拉普拉塔联合省。1823年3月,拉瓦列哈委托唐·格雷戈里奥·萨纳布里亚(Don Gregorio Sanabria)前往东岸省及一些其他地区联络可信任的爱国者。萨纳布里亚接受了这一任命,并四处奔走,向各地的爱国者传递独立信息"是时候抓住眼前的时机,甩掉暴君的枷锁了"。

1825年4月18日晚,拉瓦列哈率领的大部队趁着夜色出发,他们小心避开了巴西舰队的警戒线,穿过乌拉圭河,于19日清晨在阿格拉西亚达海滩(Playa de la Agraciada)登陆。4月19日,奥里韦率领一部分人从布宜诺斯艾利斯圣西德罗岛(San Isidro)的港口登船,于巴拉那河的布拉索拉戈岛(Brazo Largo)登陆。现在乌拉圭把每年4月19日定为国家法定节日;19个省份中有一个"三十三人省",就是为了纪念33人登陆事件。不久后,曾追随阿蒂加斯,后来加入葡萄牙军队的弗卢图奥索·里维拉也投奔了这33位东岸爱国者。里维拉的加入对这次运动的胜利起到了关键性作用。由于他在民众中的威望,反抗巴西统治者的运动在整个东岸省传播开来,在短短几天内,远征队已经有了几千名追随者。

同年 8 月 25 日,东岸人民在乌拉圭佛罗里达宣布东岸省独立,同时并入拉普拉塔联合省(阿根廷)。8 月 25 日也因此成为乌拉圭的国庆日。前文提到过,现今乌拉圭除了国旗外还有两面官方承认的代表国家精神的旗帜,一面是阿蒂加斯旗,另一面就是东岸三十三人旗(Bandera de los Treinta y Tres Orientales)。东岸三十三人旗与东岸省旗基本一致。东岸省旗由蓝、白、红三条横向条纹由上向下排列组成,但东岸三十三人旗在中间白色部分印有文字"自由或死亡"(LIBERTAD O MUERTE)。现今,乌拉圭政府建筑前都会悬挂这三面旗帜。

乌拉圭军事博物馆前的三面旗帜(杨光摄)

(从左到右依次为阿蒂加斯旗、乌拉圭国旗、东岸三十三人旗)

东岸省并入拉普拉塔联合省(阿根廷)这一举动引起了巴西人的强烈不满,他们随即向阿根廷宣战。1827 年 2 月 20 日,在伊图萨因戈战役(Batalla de Ituzaingó)中巴西人被打败。

　　英国一直关注着巴西与阿根廷的战争,因为巴西对布宜诺斯艾利斯港的封锁损害了英国与阿根廷的贸易。另外,英国认为在阿根廷与巴西之间建立一个缓冲国最符合英国的商业利益。1826年英国首相乔治·坎宁(George Canning)任命约翰·庞森比(Lord John Ponsonby)为英国驻布宜诺斯艾利斯公使。随后,庞森比向巴西和阿根廷提出在东岸建立一个独立国家的计划。在英国的调解下,1828年8月27日,拉普拉塔联合省(阿根廷)和巴西在里约热内卢签署《初步和平条约》(Convención Preliminar de Paz),巴西和拉普拉塔联合省(阿根廷)同时承认乌拉圭的独立。

　　《初步和平条约》一签订,乌拉圭就开始着手制定法律,起草国家宪法,进行选举。制宪大会于1828年11月22日举行,由28名成员组成制宪委员会。宪法确立了自由主义思想,肯定了个人的权利是文明生活的保障和秩序的象征。1828年12月13日,乌拉圭宣布完全独立。1830年7月18日,乌拉圭宪法经过阿根廷和巴西的批准后获得通过,正式建立了乌拉圭东岸共和国。因此7月18日被认为是乌拉圭国家历史上最重要的日子之一,蒙得维的亚最重要的大道就被命名为"7月18日大道"(Avenida 18 de Julio),同时还有许多以此为名的城市和城镇。同年8月,乌拉圭进行了选举,拉瓦列哈与里维拉成了最大的竞争对手,最终里维拉在选举中胜出,当选乌拉圭第一任总统。

　　回过头来看一看,不管是东岸地区的人民还是阿蒂加斯或者"三十三人",起初他们也许都没有建立一个独立国家的愿望。在《1813年指导方针》中,阿蒂加斯提出的方案是拉普拉塔联合省脱离西班牙宣布独立,组成一个国家,实行民主共和制,它所要求的是正式建立东岸省。"三十三人"赶走葡萄牙人之后宣布的也是东岸省独立,同时并入拉普拉塔联合省(阿根廷)。但是出于种种原因,东岸人一直追寻的自由并没有随着独立省的成立而到来,在各方势力的压迫下他们也不愿意妥协。对自由的追寻最终促成了乌拉圭的建国,为自由而战永远让人钦佩,让人热血澎湃,让人热泪盈眶。

"红白大战"——党派之争

虽然乌拉圭终于取得了独立,但其随即又陷入了长期内战之中,各党派之间的权力争夺及国外势力的干涉都使国家陷入混乱之中。以第一任总统弗卢克图奥索·里维拉和曼努埃尔·奥里韦为代表的红、白两派为总统之位你争我夺。1839年爆发了持续十几年的大战争。直到1875年洛伦索·拉托雷(Lorenzo Latorre)上台,国家秩序才逐步得到恢复,生产稳步发展,现代民族国家正式形成。

在独立之初,乌拉圭境内,或者说整个拉丁美洲国家,都出现一种政治现象,即考迪罗(Caudillo)的存在。caudillo在西班牙语中是领袖、头目、首领的意思,在当时特指那些有权势的政治、军事头目,类似于我们熟知的军阀。拉瓦列哈、里维拉和奥里韦是当时权势较大的3个考迪罗,他们都是33位东岸爱国者的重要领导者,当时还为争取国家独立而并肩作战,现在却成了权力争夺的对手。1830年乌拉圭宪法颁布之前,拉瓦列哈在东岸地区担任地方长官。1830年宪法选举中里维拉被选为第一任制宪总统,取代了拉瓦列哈。

作为一个新生的国家,里维拉政府面临着诸多问题。第一,国家在公共行政层面缺乏效率,百废待兴之际,各类机构需要创建,职能需要归拢,责任需要下放。第二,与其他国家的关系也是一个重要的问题,必须增强国家的独立性,需要一部专门的条约来取代《初步和平条约》。而且非常有必要准确地确定与巴西之间的界限。第三,国家已经负债累累,必须增加税收来满足新生国家最基本的需求。除此之外,国内叛乱也是里维拉政府需要面对的一个重要问题。在里维拉任职期间,拉瓦列哈分别于 1832 年、1833 年、1834 年组织了 3 次叛乱,但均被镇压。当时里维拉认为一些残余的原住民也属于叛乱者,他们的存在阻碍了整个社会的有序运转,因此下令屠杀所有查鲁亚人,即我们在前文提到的萨尔西普埃德斯大屠杀。

　　1835 年,为了削弱拉瓦列哈的势力,里维拉在总统选举中支持奥里韦并希望由他来担任总统之位。1835 年 3 月,奥里韦上任,里维拉担任战时总司令(Comandante General de Campaña)。但不久之后,奥里韦就革除了里维拉的职务,这与巴西南部法拉波人(Farrapos)的革命有关。巴西这场革命后,双方的战败者都逃到了乌拉圭,而里维拉对之前与他共事过的本托·曼努埃尔·里贝罗(Bento Manuel Ribeiro)将军给予了支持,为此奥里韦不得不将里维拉革职,以免巴西方面为此进行报复。奥里韦在任期间还允许拉瓦列哈及其追随者从巴西返回国内,这引起了里维拉的不满。种种因素堆积在一起,最终导致 1836 年 7 月里维拉起兵,试图推翻奥里韦政权。在此之后,里维拉和奥里韦两人开启了权力争夺的拉锯战。

　　里维拉和奥里韦于 1836 年 9 月 19 日第一次交战,史称"卡平特里亚战役"(Batalla de Carpintería)。在对抗中,奥里韦一方的军队戴的帽子上有一条白色的带子,而里维拉一方的军队的帽带则为红色(一开始里维拉想用天蓝色来作为己方的帽带颜色,但天蓝色在强光照射下泛白,易与奥里韦一方的颜色混淆,因此他们就把帽带颜色换成了红色),这就是里维拉和奥里韦之间的争夺战也被称为"红白大战"的原因,同时也是乌拉圭红党和白党的渊源。

在卡平特里亚战役中,里维拉战败,被迫逃往巴西南部的阿雷格里港(Porto Alegre),之后他得到巴西的支持,回到乌拉圭继续与奥里韦进行战斗。在随后的尤库图哈战役(Batalla de Yucutujá)和伊战(Batalla del Yí)中,里维拉和奥里韦分别取得胜利。最终,在1838年的决定性战役——帕尔马战役(Batalla de Palmar)中,里维拉获得胜利,之后他逐渐控制了乌拉圭大部分地区并围困了蒙得维的亚。在这种局势下,奥里韦辞去总统职务,逃往阿根廷投奔胡安·曼努埃尔·德·罗萨斯(Juan Manuel de Rosas)。1838年3月,里维拉再次当选乌拉圭总统。

乌拉圭红白两派斗争的雪球越滚越大,阿根廷、巴西甚至法国、英国都被牵扯进来。这一混战阶段在乌拉圭历史上被称为"大战争"。在此期间,奥里韦得到了以罗萨斯为代表的阿根廷联邦派的支持,里维拉则得到了法国人及阿根廷内部反对罗萨斯的统一派的支持。当时阿根廷内部两个派别之间已存在着不可调和的种种矛盾,法国与阿根廷的罗萨斯派之间也存在着各种矛盾。

在多重矛盾交织的局势下,一场由法国推动的反对罗萨斯的运动开始了。1839年2月,里维拉正式签署宣战协议,向罗萨斯宣战。支持罗萨斯的联邦派也不甘示弱,在3月份的帕戈拉戈战役(Batalla de Pago Largo)中大败里维拉代表的统一派,并借着胜利的势头入侵了乌拉圭领土,准备对里维拉政权发起挑战。但里维拉在卡冈查战役(Batalla de Cagancha)中以少胜多,战胜了对手,成功地将罗萨斯的军队逐出乌拉圭。

1年后,法国与罗萨斯达成协定,将法国的军队撤出了拉普拉塔地区,里维拉的力量受到削弱。随后的3年里,里维拉与奥里韦之间的战争主要是在阿根廷的领土上进行的。1842年,乌拉圭白党领袖奥里韦在罗萨斯的支持下打败了里维拉。至此,大战争的第一个阶段落下了帷幕。

1843 年 2 月 16 日,奥里韦及罗萨斯的部队穿过乌拉圭河,开始对蒙得维的亚进行包围,随即成立了塞利托政府(Gobierno del Cerrito)。这一时期,乌拉圭有 2 个政府:一个是里维拉领导的蒙得维的亚政府,也被称为防御政府(La Defensa);另一个就是位于城郊的奥里韦领导的塞利托政府。塞利托政府有一个议会,奥里韦还任命了部长,颁布了大量法律条款。它以现今蒙得维的亚的武农区(Unión)为首府,经济中心在布塞港口(Buceo);此外还以 3 个营区为军事中心。塞利托政府控制了除蒙得维的亚和科洛尼亚外的乌拉圭大部分地区。在这一时期,罗萨斯曾提议废除《初步和平条约》,将乌拉圭重新划入拉普拉塔联合省(阿根廷),但奥里韦对这一提议没有发表意见,而是将其交给了议会委员会,该委员会同样没有做出任何决定。

在奥里韦围困蒙得维的亚的同时,里维拉也在进行防御战斗。阿根廷内部不满罗萨斯独裁统治的 3 个省及由法国、意大利和西班牙居民组成的兵团(他们大都是定居在蒙得维的亚的欧洲移民)也参加了保卫蒙得维的亚的战斗,其中包括意大利政治流亡者朱塞佩·加里波第和他领导的"红衫党"。1842 年加里波第被任命为舰队司令,并领导了几场海战,成功阻止了罗萨斯的部队从海上封锁蒙得维的亚。今天乌拉圭的教科书中仍把加里波第视为乌拉圭的民族英雄。

为了阻止阿根廷吞并乌拉圭,确保乌拉圭河及巴拉那河的自由航行,英国和法国通过海上舰队向蒙得维的亚城内的守军提供补给。1845 年 12 月,英国还与法国海军一道封锁了布宜诺斯艾利斯港。1850 年法国和英国由于对战争感到厌倦,先后撤出了乌拉圭。就在蒙得维的亚眼看要陷落的时候,形势出现了转机。① 1851 年，一方面，巴西政府向蒙得维的亚的防御政府提供了军事援助以及资金支持；另一方面，阿根廷恩特雷里奥斯省打破了与罗萨斯的联盟，省长胡斯托·何塞·德·乌尔基萨(Justo Jose de Urquiza)起兵反对罗萨斯。5 月 29 日，恩特雷里奥斯、巴西和蒙得维的亚防御政府三方共同签署了一项协议，约定联合战斗，将奥里韦及他领导的阿根廷军队驱逐出乌拉圭。乌尔基萨在一些乌拉圭人的帮助下打败了奥里韦，并结束了在乌拉圭境内的武装冲突。

由于红党和白党都对外国干涉感到幻灭，1851 年 10 月 8 日，在乌尔基萨的推动下，奥里韦与里维拉握手言和，双方一致认为谁也不是胜利者，谁也不是失败者，并一道参加了反对罗萨斯的战斗。1852 年 2 月，乌尔基萨的部队在巴西人和乌拉圭人的支持下，在卡塞罗斯战役(Batalla de Caseros)中打败了罗萨斯。随着罗萨斯在阿根廷的倒台，乌尔基萨率部队解除了对蒙得维的亚的包围。这场对蒙得维的亚的包围长达 9 年，历史学家亚历山大·杜马斯(Alexandre Dumas)将其称作"新特洛伊战争"。

持续的战争给乌拉圭的社会经济发展带来了沉重的打击。此外，为了感谢巴西在大战争时期提供的援助，战后乌拉圭与巴西签订了一系列不平等条约，更使乌拉圭的境况雪上加霜。

不管怎么样，大战争(1839—1852)终于结束了，奥里韦与里维拉之间的斗争也画上了一个句号，但乌拉圭混乱的局面还未结束，红党和白党的斗争也仍在持续上演。战后乌拉圭首位总统、白党领袖胡安·弗朗西斯科·西洛(Juan Francisco

---

① 　贺双荣:《列国志·乌拉圭》，社会科学文献出版社 2010 年版，第 44 页。

Giro)尝试组建红党、白党联合内阁,但好景不长。由于两党间缺乏必要的信任,1853 年西洛政府被红党军队推翻①,西洛辞去总统职务。之后里维拉、拉瓦列哈和贝南西奥·弗洛雷斯(Venancio Flores)成立"三头同盟"政府。1854 年,红党的弗洛雷斯被选为总统,任职期到 1856 年(这是西洛政府本应到期的时间)。

当时国内局势紧张,执政党红党内部持不同政见的反对者的呼声越来越高。面对这种情况,弗洛雷斯根据 1851 年巴西、乌拉圭和恩特雷里奥斯之间签署的条约,请求巴西干预。1854年 5 月 4 日,巴西军队穿过东北边境,进入乌拉圭。巴西武装部队的出现有力地控制了政治事态的发展。

1855 年,安德雷斯·拉马斯(Andrés Lamas)发表了一份公开宣言,指出当前乌拉圭的首要任务是进行战后重建,呼吁组织一个联合政党。这个宣言得到了部分文人的支持,但军阀势力及弗洛雷斯对此表示坚决反对,甚至把它看成一种人身攻击。同年 8 月,当局下令停办红党保守派主办的《自由报》(La Libertad),而该报的负责人则要求继续将报刊办下去,这一冲突激化了双方的矛盾。8 月 27 日,保守派爆发了起义(Rebelión de los Conservadores),反抗弗洛雷斯领导的政府当局。当时的外交部长两次向巴西请求援助,但由于巴西的态度倾向于支持保守派,因此均未给予支持。值得一提的是,同年奥里韦结束了他在西班牙的流放期,回到了乌拉圭,但弗洛雷斯禁止他下船登陆。

在弗洛雷斯陷入困境之时,奥里韦给他写了一封信,信中

---

① 佟亚维:《乌拉圭东岸共和国近代史研究(一)》,http://uy.chineseembassy. org/chn/wlggk/P020200312845981652735.pdf,2020-10-17。

请求他为了国家的独立、自由继续战斗。弗洛雷斯随即允许奥里韦入境。1855 年 9 月,弗洛雷斯和奥里韦签署了《联合协议》(*Pacto de la Unión*),同意致力于避免党派斗争,同时都宣布放弃竞选共和国总统。面对新的局面,拉马斯组建的临时政府自行解体,巴西军队也于 9 月份撤出蒙得维的亚。

加夫列尔·佩雷拉(Gabriel Pereira)在此背景下当选总统。任期内他挫败了 6 次政变企图,并继续推动建立联合政党。但事与愿违,红党怀疑总统偏向白党一派,于是从阿根廷起兵攻入乌拉圭。乌拉圭政府军强力镇压并在金特罗斯(Quinteros)集体枪决了起义官兵(Fusilamientos de Quinteros)。红党对白党更加怀恨在心。

1860 年,白党领袖贝尔纳多·贝罗(Bernardo Berro)开始执政。贝罗继续推动消除党际斗争,且做法更加激进。他计划剥夺省长的军权,限制教会的权力,并驱逐了主教维拉(Jacinto Vera);在外交方面,贝罗希望通过联合巴拉圭抵制巴西和阿根廷对乌拉圭的干涉。此外,为遏制巴西的扩张,他采取了一些维护民族主权的措施。一是鼓励乌拉圭人移民到边界地区;二是限制居住在乌拉圭的巴西庄园主使用奴隶;三是拒绝修订1851 年大战争时期与巴西签署的贸易条款,对出口巴西的牛征税;四是对乌拉圭的土地和牛群征收较高的直接税,使巴西庄园主承担税赋责任。这些措施引起巴西庄园主及巴西政府的不满。

1863 年 4 月 19 日,弗洛雷斯在阿根廷和巴西的支持下组成反政府军,攻入乌拉圭,并于 1865 年攻陷港口重镇派桑杜。作为对金特罗斯事件的报复,白党守军官兵被集体枪决。1865年 2 月,弗洛雷斯夺得了政权。当时为回馈巴西和阿根廷政府的支持,弗洛雷斯加入了巴拉圭战争,并与巴西和阿根廷组成了三国同盟对抗巴拉圭,这场战争也被称作"三国同盟战争"(Guerra de la Triple Alianza)。巴拉圭战争(1865—1870)是南美洲历史上规模最大、最为惨烈的一场战争,这场战争使巴拉圭损失了近 60% 的人口,同盟国方面也损失了近 10 万人。但参战原因仅仅是"礼尚往来",乌拉圭对这场战争的热情度不高,对战争的贡献也很小:"乌拉圭仅派出了一支 5000 人的军队,而且在战争快要接近尾声之时便将军队从巴拉圭撤回了,战后也没有参加谈判。但巴拉圭战争对乌拉圭的政治仍有一定的影响,战争转移了巴西及阿根廷在乌拉圭争霸的注意力,将巴西与阿根廷的侵略意图转移到了巴拉圭身上。因此,乌拉圭实际上是利用了巴拉圭战争这个机会来维护了自身领土与主权的完整。巴拉圭战争之后,虽然乌拉圭红党在政治上取得了绝对的优势地位,但是白党一直没有放弃与红党的斗争。战后红白两党在政治上的斗争持续了下去。红白两党轮流执政的政治体制已经建立。"①

弗洛雷斯掌权意味着军阀政治和政党政治的复辟,红党政府大行其道,无视宪法,操纵选举。在此背景下,白党上下、红党文士甚至部分红党军阀开始策划推翻弗洛雷斯政权。1868 年 2 月 19 日,弗洛雷斯遭到暗杀,之后上台的是红党的洛伦索·巴特列(Lorenzo Batlle),但刚上台不久,巴特列就不得不面对一件棘手的事——长矛革命(Revolución de las Lanzas)(1870—1872)。

在弗洛雷斯被暗杀之后,乌拉圭红党已经分裂成几个以考迪罗为中心的小团体,中央政府几乎已经失去了权威。巴特列

---

① 蒋雯:《巴拉圭战争原因及影响探析》,《长治学院学报》2016 年第 33 卷第 1 期,第 41—44 页。

上台之后首先就是要恢复红党的团结,并且继续对白党成员进行迫害。当时阿根廷沿海的几座城市如圣菲、科连特斯、恩特雷里奥斯接收了来自乌拉圭的近25000名白党移民。白党人意识到想要回到祖国,和平安定地生活下去,唯一方式就是进行暴力反抗,发动武装起义。

决定一经做出,白党人就分为两大派别,分别以各自的考迪罗为首,其中文人和城市居民大多追随蒂莫特奥·阿帕里西奥(Timoteo Aparicio)。阿帕里西奥有着丰富的战斗经验,早在红白大战初期,他就追随奥里韦与里维拉战斗,还参加过反抗弗洛雷斯的战争。阿帕里西奥是主战派,他主张从阿根廷入侵乌拉圭。另一派的首领为作战经验同样非常丰富的阿纳克托·梅迪纳(Anacleto Medina),但梅迪纳的态度比较谨慎。

武装起义的准备工作并不是那么顺利。1868年多明戈·福斯蒂诺·萨米恩托(Domingo Faustino Sarmiento)当选为阿根廷总统,他上任后对乌拉圭白党移民采取了比较敌对的态度。一方面,由于这些乌拉圭白党人在阿根廷的存在对两国的外交关系造成了一定的影响;另一方面,他也担心乌拉圭的这种起义、反抗的势头会对阿根廷的几个省份,如科连特斯和恩特雷里奥斯,造成一定影响。因此当时白党人的密谋活动主要集中在恩特雷里奥斯省,那里的省长对他们的态度比较宽容。

1870年3月4日,白党人在阿根廷康科迪亚市签署了一份《承诺书》(Acta de Compromiso),一致决定发动武装起义,并推举阿帕里西奥为革命军首领。第二天,40名革命军横渡乌拉圭河,到达乌拉圭。阿帕里西奥随即发布了一份公告来控诉红党的迫害以及说明此次起义的目的。阿帕里西奥的宣言明确了这次武装革命的目标是在尊重宪法保障的前提下,不受党派纷争的影响,将自由选举的权利归还于公民。同时他还强调,这次起义的目的不是夺取权力，而是给所有人一个保障，使政治迫害、追击甚至是暗杀不再继续。同年 8 月 10 日，由梅迪纳领导的另一个派别也渡过乌拉圭河在阿格拉西亚达海滩登陆。梅迪纳发表的宣言与阿帕里西奥的宣言相似，但更坚持运动的民族性和超党派性。

同年 9 月 6 日，阿帕里西奥领导的革命军围攻了蒙得维的亚，6 天后，梅迪纳率领他手下的部队加入了阿帕里西奥军队。随后革命军在帕索-塞韦里诺战役（Batalla de Paso Severino）和科拉里托战役（Batalla de Corralito）中均取得了胜利。科拉里托战役之后，战败方的司令弗朗西斯科·卡拉巴耶（Francisco Caraballo）与阿帕里西奥进行了一场谈判，商讨了停战事宜，但具体停战时间并没有决定。之后，有 2 位白党成员开始出版名为《革命》（La Revolución）的宣传单以鼓舞士气。帕索-塞韦里诺战役和科拉里托战役的胜利使政府陷入困境，同时革命军的队伍在不断壮大。1870 年 10 月 26 日，革命军再次围攻了蒙得维的亚并在 11 月 29 日占领了塞罗堡（Fortaleza del Cerro），史称"攻占塞罗堡事件"（Toma de la Fortaleza del Cerro）。

革命军对蒙得维的亚的围攻一直持续到 12 月 16 日。当时由格雷戈里奥·苏亚雷斯（Gregorio Suárez）领导的政府军从北部赶来，准备支援蒙得维的亚。阿帕里西奥得知苏亚雷斯准备从后方围攻他们，不得不暂时解除对蒙得维的亚的围困，组织兵力前去应战。1870 年 12 月 25 日，苏亚雷斯在萨乌瑟战役（Batalla del Sauce）中打败了阿帕里西奥。战后苏亚雷斯下令将所有白党伤员和俘虏斩首，大约有 600 人为此丧命。乌拉圭作家、记者阿尔弗雷多·卡斯特亚诺斯（Alfredo Castellanos）将这一事件描述为"这是过去以及将来所有战争中最残忍的一次"。

自此之后局势开始发生变化,白党革命军不得不向北移动。

　　革命军在接下来的几个月里一边尝试重新武装他们的队伍一边躲避政府当局的追踪打击。1871 年 3 月,《革命》停刊,即使到最后,它仍坚持鼓舞士气,展现了革命军的精神。武装起义已经进行了 1 年多,但仍看不到结束的迹象。长期的战争给国家经济带来了极大的影响。农场主开始向政府施压,希望政府能与革命军达成协议。总统巴特列展现出决不让步的姿态,但他手下的一些军官已经开始动摇,声称支持和平对话。

　　1871 年 6 月,双方在马南迪亚战役(Batalla de Manantiales)中交手,政府军彻底打败了革命军。已经 83 岁的梅迪纳在这次战役中被敌军用长矛刺死。当时,商人、农场主和银行家等对和平的强烈要求使政府当局的态度发生了变化,但政府军和革命军之间并没有停火。终于,1871 年 11 月,在阿根廷政府的调解下,政府和革命派开始进行会谈。1872 年 4 月 6 日,双方于蒙得维的亚签署了《四月和平条约》(*Paz de Abril*),两大敌对政党均有所妥协,政府允许白党在全国 13 个省中控制 4 个省。这场对抗持续了 2 年多,对国家经济的破坏仅次于大战争。由于这是乌拉圭战争史上最后一次使用长矛作为武器的战争,故史称"长矛革命"。

　　1876—1903 年,长矛革命结束后的乌拉圭相继迎来了军人执政期与文人执政期,这两个时期也被认为是乌拉圭现代化进程的第一阶段,与 1903—1933 年的"巴特列时期"(Período "Batllista")共同促成了乌拉圭现代化进程,实现了经济社会现代化和政治现代化。

　　1875 年,何塞·佩德罗·巴雷拉(Jose Pedro Varela)发动政变,推翻了政府当局。但次年他就又被推翻了。1876 年 3 月 10 日,一个大部分由商人组成的公民委员会在宪法广场举行了集会,他们认为,当时无政府的混乱局势以及国家的严重危机在很大程度上是由于民主政府的无能与不作为,因此,他们决定拥护战争部长洛伦索·拉托雷,将国家大权交由他来掌控。最终,巴雷拉被迫辞职,拉托雷出任临时总统。

1880 年,弗朗西斯科·安东尼奥·比达尔(Francisco Antonio Vidal)接替拉托雷出任乌拉圭总统一职。在比达尔执政期间,军权的地位不断上升。1882 年,比达尔辞职退位,年仅 35 岁的马克西莫·桑托斯(Máximo Santos)上校当选总统。桑托斯任期结束后,比达尔于 1886 年 3 月再次当选为总统,但同年 5 月,他再次辞职。之后出任总统的又是桑托斯。而这似乎是桑托斯在位时就已经预谋好了的。

比达尔卸任后,总统应该从各省区的参议员中选出,但是各省区的议员位置已经被各地的考迪罗占完了,在这种情况下,根据 1885 年 12 月 30 日的第 1854 号法律,桑托斯在从属于圣何塞省第三司法区的领土上创建了新的弗洛雷斯省(Departamento de Flores),并担任了弗洛雷斯省的参议员,后又任参议长。所以在比达尔卸任后,桑托斯得以顺理成章地再次出任总统一职。

桑托斯行事专断,大行军国主义,国家财政管理一片混乱,政局动荡加剧。虽然他属于红党,但也并未得到本党派人士太多的支持,加之他为了再次当选花了些小心思,引起了当时乌拉圭存在的三个党派——红党、白党、制宪党的不满。1886 年 3 月,反对派引爆了切布拉乔革命(Revolución del Quebracho),但随即被政府军镇压。与当时的惯例相反,桑托斯下令赦免所有被俘的革命军,其中有几位乌拉圭后来的总统。虽然革命被镇压,但桑托斯无法压制所有的反对声音。1886 年 8 月,桑托斯险些被人暗杀,迫于时局压力,他不得不同意恢复宪政、举行大选，随后辞去总统职务，流亡欧洲。

随着资本主义的发展，军人的专政和独裁引起了人民的不满，蒙得维的亚各阶层的群众举行了大规模群众示威活动。桑托斯之后出任总统一职的马克西莫·塔赫斯（Máximo Tajes）在人民的压力下对军队进行了改编，撤换了亲桑托斯的军官，恢复实施了宪法，允许反对派参与政治活动。可以说，塔赫斯执政的四年间是乌拉圭由军人执政向文人执政过渡的一个时期。

总体来说，乌拉圭军人执政期的军政府是专制的，在此期间，公众享有的自由度明显下降，许多公民被流放、谋杀或失踪。但是与此同时，他们也进行了深刻的改革，对引导乌拉圭走向现代化起到了积极作用。

在经济和社会方面，农村问题是改革的重要内容之一。1876 年颁布、1879 年修订的《农村法典》（*El Código Rural*）确立了新农村秩序的法律框架。通过改革，以大规模粗放牧场为主导的农产品出口模式得到确认；并且通过鼓励（甚至强制）拉网围栏以及对土地财产进行规范化管理和登记的方式，土地私有制也最终得到确认。因此终结了土地市场的不稳定性，在此之前，土地市场的不稳定性一直与土地所有权的波动性以及不确定性相关联。

政治方面的现代化主要表现在强化国家权力上，在制度化的同时设法集中了中央的政治权力。军政府加强中央对地方的有效管辖，在各省指定法官，利用电报、邮政等新型通信方式加大中央对地方的控制力度；大力推动军队建设，配备现代化武器装备，严整军纪，发展铁路运输以提高军队调集效率。

乌拉圭军人执政期在拉美独裁历史上的例外是其对天主教会的态度。在此期间，社会世俗化进程仍在继续，并且批准了明显反宗教的教育改革。同时建立了民事登记制度(Registro de Estado Civil),负责出生登记、死亡登记、婚姻登记、公证认证等工作,社会世俗化有所发展。尽管如此,军政府并没有完全反教权,蒙得维的亚主教区就是在这一时期创建的。①

1890 年 3 月,胡利奥·埃雷拉-奥韦斯(Julio Herrera y Obes)当选总统,乌拉圭正式恢复了文人统治。但奥韦斯推崇精英政治,认为人民没有足够的智慧,国家应该由特定的团体来治理,而这一特定的团体就是他所在的红党。为此他还提出每位总统都有权力来任命下一届总统。这一举措招致了其他党派以及红党内部反对派人士的不满。

在经济方面,当时乌拉圭爆发了经济危机,银行倒闭、外债加剧、企业破产倒闭……19 世纪 80 年代,乌拉圭经济发展过度依赖英国,"英国公司掌控了铁路、供电、自来水、天然气等基础设施和服务。英资企业无处不在,在乌拉圭建立起'非正式不列颠帝国'"②,这导致当 1890 年英国经济陷入衰退的时候,乌拉圭也随之受到影响,爆发了经济危机。

1894 年胡安·伊蒂亚尔特·博尔达(Juan Idiarte Borda)出任总统,但情况并没有好转。长矛革命结束后签署的《四月和平条约》中明确规定白党在全国 13 个省中控制 4 个省,但博尔达政府仅仅交给白党 3 个省的控制权,而且那时的省份已经从 13 个增加到 19 个。这一举动招致白党的不满,政局更加动荡不安。在这种局势下,1897 年再次爆发了革命,有 3 支白党

---

① Yaffe Jaime. "Política y economía en la modernización: Uruguay 1876—1933", Universidad de la República, 2009:4.

② 佟亚维:《乌拉圭东岸共和国近代史研究（一）》,http://uy. chineseembassy. org/chn/wlggk/P020200312845981652735. pdf,2021-10-17。

力量向乌拉圭进军。一支由阿根廷出发经科洛尼亚沿海地区进入;一支经孔奇亚斯(Conchillas)进入;还有一支由阿帕里斯奥·萨拉维亚(Aparicio Saravia)率领,从巴西出发经阿塞瓜(Aceguá)边境进入。同年 8 月,总统博尔达被暗杀。之后上台的胡安·林多福·奎斯塔斯(Juan Lindolfo Cuestas)随即于1897 年 9 月 18 日与革命军签署了《拉克鲁斯和平协议》(*Pacto de la Cruz*)。这是乌拉圭历史上第一次以和平的方式结束内战。协议规定将给予白党 6 个省份的控制权(即由白党成员担任省长),这 6 个省份分别是马尔多纳多省、弗洛雷斯省、塞罗拉尔戈省(Cerro Largo)、三十三人省、里维拉省、圣何塞(San José)省。

大战争时期乌拉圭同时存在 2 个政权的局面在《拉克鲁斯和平协议》签署后再一次出现。此前一个是里维拉领导的蒙得维的亚政府,也被称为防御政府,另一个是奥里韦领导的塞利托政府;现在一个是中央政府,另一个是萨拉维亚领导的军阀力量。这种对立模式持续了 7 年之久。

加西亚·马尔克斯在诺贝尔文学奖领奖台上发表"拉丁美洲的孤独"演讲时说了这么一句话:"我们摆脱了西班牙人的统治,却没摆脱疯狂。"乌拉圭在独立之初的这段历程也完全称得上"疯狂"。红白两党的争斗,将阿根廷、巴西甚至法国、英国牵扯其中的持续 10 年的大战争,南美洲历史上规模最大、最为惨烈的巴拉圭战争,白党人发动的长矛革命,10 年独裁的军人执政,反对独裁统治的切布拉乔革命……这段时间内竟然出现了两次两个对立政府同时存在的局面——持续 9 年之久的蒙得维的亚政府和塞利托政府的对立,以及持续 7 年之久的中央政府和军阀力量的对立。这一"疯狂",要到何塞·巴特列-奥多涅斯(José Batlle y Ordóñe)上任才逐渐平息。

传承与新生——走上正轨

何塞·巴特列-奥多涅斯于 1903—1907 年及 1911—1915 年两次当选乌拉圭总统。任职期间他在政治、经济等方面进行了大刀阔斧的改革,极大推动了乌拉圭的发展,使之进入一个繁荣发展的新时期。也正是从这个时期开始,乌拉圭逐渐开始被称作"南美瑞士"。在乌拉圭红党中,有一个派别即巴特列派(Batllismo),这个派别就是以巴特列的思想和政治学说为基础的。巴特列派最基本的观点就是为了整个社会的发展,国家必须通过垄断的方式控制经济运转基本的几个方面,并制定全面的法律。乌拉圭甚至整个拉丁美洲对巴特列的评价都非常高,有历史学家称:"在拉丁美洲所有国家中,没有一个人对一个国家的思想和政策产生过像巴特列那样大的影响。"

上任之初,巴特列首先要解决的仍然是革命叛乱问题。1903 年,乌拉圭举行大选。白党一开始想要支持的是红党候选人胡安·卡洛斯·布兰卡(Juan Carlos Blanca),以换取《拉克鲁斯和平协议》的继续有效。但是在白党阿塞多·迪亚斯(Eduardo Acevedo Díaz)的支持下,巴特列获得了选举的胜利。这样的结果使得迪亚斯受到了党内人士的排挤,并被驱逐出白党。但是巴特列在任命白党 6 省省长时,将其中 2 个省份省长的任命权直接给了迪亚斯。白党将其视为对自己党内事务的干涉,阿帕里斯奥·萨拉维亚起兵抗议。

为了避免再次爆发内战,政府与萨拉维亚进行协商并签署

了《尼克·佩雷斯协定》(Pacto de Nico Pérez)。政府承诺，6
个省份中，5个省长的任命由白党和中央政府一同商定，另外一
个由白党自由任命。协定签署一周后，萨拉维亚在尼克·佩雷
斯进行了一场盛大的阅兵，以展现自己雄厚的军事力量，同时
政府军也在积极筹备兵力，双方剑拔弩张的局势似乎并没有因
为和平协定的签订而平息。

果不其然，好景不长，协议达成后不久，归白党统领的里维
拉省与巴西发生军事摩擦，巴特列派兵驰援。这一举动引起白
党的不满，据他们所说，在《尼克·佩雷斯协定》中有一项口头
协定，即中央军不得向白党控制的省份派遣军队。而巴特列一
方则声称协定中的不得派遣军队是指不得派遣军队干涉扰乱
当地的选举活动。总之，白党认定巴特列的派兵举动违背了中
央政府不对白党控制省份进行军事干预的承诺，于是，1904 年
1 月，萨拉维亚再次起兵，乌拉圭再一次爆发内战。

这次战争中，政府军的军备力量远胜于萨拉维亚，但后者
仍然凭借着出色的军事策略进行了 9 个月的战斗。最终，寡不
敌众的革命军在 9 月 1 日的玛索略战役(Batalla de Masoller)
中失败，萨拉维亚身亡。随着萨拉维亚的身亡，革命也结束了，
双方签署了《阿塞瓜和平协议》(Paz de Aceguá)。玛索略战役
可以说在乌拉圭历史上意义非凡，它标志着同时存在于乌拉圭
境内的两个政权——巴特列中央政权与萨拉维亚政权对立的
结束，也为乌拉圭红党与白党自 19 世纪以来持续不断的拉锯
战画上了一个句号，同时，巴特列也确立了自己在红党及国家
政治生活中的地位。巴特列的第一次执政于 1907 年结束。之
后他携全家远赴欧洲，继续寻找治国理政的办法，1911 年回国
后再次担任总统一职。

巴特列在两次执政期间主要的改革措施涵盖经济、政治、

教育、宗教、社会等各方面。

　　社会改革旨在提高民众的福利,减少社会矛盾,为此,1911年6月巴特列颁布了一个法案。法案要求将劳动时间限定为每天8小时,实行每周6天工作制;禁止雇用13岁以下的童工,并给予妇女分娩期40天的休假。此外,巴特列还颁布了其他一些社会劳动法,包括一项养老金法案和一项解雇赔偿法。教会世俗化也是社会改革的内容之一。巴特列实施的一系列措施加速了乌拉圭世俗化的进程,例如禁止在公立医院挂十字架,禁止在公共宣誓中提上帝和福音,取消对教会的补贴、教会地产的免税特权和学校的宗教课程,结婚和离婚也无须通过教会的证明。在教育方面,组建了成人初等夜校,在全国各地都建立了中学,批准了中等教育为免费教育,为扩大女生入学率,还在共和国大学(Universidad de la República)设立了“女生部”。

　　经济改革旨在以国家取代外国资本对经济的控制,进一步促进乌拉圭的经济繁荣。在外国资本加紧渗透和本国私人资本力量弱小的情况下,巴特列坚定地认为,主要公共服务必须掌握在国家手中,这样可以避免因外国资本控制的公司向国外大量汇出利润而导致的国际收支逆差,并促进国内的资本积累。因此,巴特列政府对经济基础设施实行干预,在短期内建立起了一套自主的经济体系。1911年将垄断货币印制的乌拉圭东岸共和国银行(Banco de la República Oriental del Uruguay)国有化。1912年创建国家保险银行(Banco de Seguros del Estado),并将乌拉圭抵押银行(Banco Hipotecario del Uruguay)收归国有,给予这个银行对抵押贷款业务完全的垄断权。1912年创建国家电力公司(Usinas Eléctricas del Estado),垄断全国的发电和配电。1914年购买了北方电车和铁路公司

(Administración de Tranvías y Ferrocarril del Norte),后来在此基础上建立了国家铁路管理局(La Administración de Ferrocarriles del Estado)。此外,政府对工业采取了保护主义政策,乌拉圭工业所需要的原料被免除所有关税,其他用于加工再出口的进口原料,被给予退税待遇。在土地改革方面,巴特列深受美国经济学家亨利·乔治(Henry George)关于土地税思想的影响,认为引起土地增值的是人口压力而非地主的任何行为,社会拥有权力对这样的"自然增值"征税。因此,巴特列试图对土地进行征税并鼓励更为集约地使用土地。

政治改革旨在以民主化反对专制,避免暴力和内战,巩固其经济和社会改革的成果。巴特列的政治实践使他意识到,如果希望一直维持他倡导的社会公正,那么就需要寻找一种政治战略。他相信通过将总统制转变为一种集体执政能够实现其目标。在瑞士模式的启发下,他在1913年提出以九人组成的集体执政来取代总统制,但这一计划遭到了强烈反对。①

巴特列改革的内容,相对于当时拉美地区的整体环境而言,是非常超前的。同时这一系列改革措施与1876—1903年的军人执政期、文人执政期一同促成了乌拉圭的现代化进程,实现了国家经济社会现代化和政治现代化。

虽然巴特列大刀阔斧的一些改革措施引起了白党及红党内部部分人士的反对并在一定程度上遭到抵制(红党中出现了一个反对巴特列派的派别——里维拉派),但他的改革蓝图基本被之后继任的总统贯彻落实。其中许多思想、理念在今天的乌拉圭仍发挥着巨大的作用。现今乌拉圭有1座城市以他的

---

① 韩琦、苏婧:《乌拉圭巴特列-奥多涅斯的改革及其原因探析》,《史学集刊》2014年第6期,第93—102页。

名字命名,蒙得维的亚还有 1 座同名广场、1 个同名街区、2 条同名大道……这些都是为了纪念这位伟大的领袖。

　　巴特列之后,乌拉圭又经历了一段独裁统治时期,直到"二战"后才迎来了发展的又一繁荣期。在"二战"期间,同盟国向乌拉圭施压,要求乌拉圭加入战争,但当时的总统阿尔弗雷多·巴尔多米尔(Alfredo Baldomir)在 1939 年宣布保持中立。然而同年 12 月 13 日爆发了拉普拉塔河口战役(Batalla del Río de la Plata)。在德国和意大利的施压之下,巴尔多米尔同意给进入蒙得维的亚港口进行修缮补给的德国军舰"格拉夫·斯佩海军上将号"(Admiral Graf Spee)以庇护,但由于当时的政治、军事局势及美国和英国大使馆施加的压力,巴尔多米尔给"格拉夫·斯佩海军上将号"一个期限,让它在规定时间内必须离开。在各大国的不断施压下,与英、美利益攸关的乌拉圭最终选择加入同盟国阵营,并于 1942 年 1 月与轴心国断交,但直至 1945 年 2 月 14 日才向德、日宣战。

　　战后,欧洲国家的复兴和朝鲜战争的爆发刺激了乌拉圭经济外部需求的增长,为其经济发展提供了良好的国际环境。1945—1955 年,乌拉圭工业产值增长了 1 倍,农业也出现了繁荣的局面。在经济增长的带动下,乌拉圭养老金制度等社会立法不断完善。1950 年,乌拉圭"以一个球队战胜了一个国家",奇迹般地在巴西世界杯总决赛中战胜巴西,再次获得世界杯足球赛的冠军,举国上下充满了乐观的情绪。"没有一个地方像乌拉圭那样好"这句口号就是这种乐观情绪的写照。乌拉圭因此获得了"南美瑞士"的称号。

　　"二战"后上台执政的总统路易斯·巴特列·贝雷斯(Luis Batlle Berres)为这一时期的社会发展、经济增长做出了巨大的贡献。实际上,在 1946 年大选中当选的是托马斯·贝雷塔

(Tomás Berreta),但贝雷塔在任职 6 个月后就因病逝世,按照宪法规定,时任副总统路易斯·巴特列·贝雷斯继任总统职位。巴特列这个姓氏我们并不陌生,之前大力改革、对乌拉圭的发展做出突出贡献的何塞·巴特列-奥多涅斯同样也是这个姓氏。而路易斯·巴特列正是何塞·巴特列的侄子。因为路易斯·巴特列在 11 岁时就失去了父母,他正是在叔叔何塞·巴特列家长大的,这样一来,来自对方的影响是不可能避免的。路易斯·巴特列是巴特列派的中坚力量,他在位时将其发展、改善,创造了新巴特列派(Neobatllismo)。新巴特列派的中心思想是在民主和自由的框架内实现经济发展和社会公平,这种社会公平被看作是民主制度和自由的保障。他们认为,为了实现这一目的,必须扩大和深化工业化进程,同时还要重新分配收入。政府则被他们视为国家经济利益的守护者和没有能力面对市场经济运转的"弱者"的保护者。

"二战"时积累的大量财富得以为工业发展提供必不可少的资本、原材料和燃料,因此新巴特列派把大部分精力用于工业的发展,坚持现有产业的扩张和新兴产业的创造。路易斯·巴特列在任期间,主张通过国家干预主义和国有经济的发展,推动进口替代工业化战略,而不遵从国际货币基金组织的紧缩政策。为了向低收入家庭提供优惠,政府建立了一系列食品补贴项目。1947 年政府建立了控制基本生活用品价格的全国补给委员会。除大力发展工业外,社会公平问题是新巴特列派非常关注的另一个问题,在这方面他们也做出了很大的努力。一方面,公平本身就是他们所看中和追求的;另一方面,从经济角度来看,社会公平在推动市场扩大方面也能起到积极作用。

这一时期,乌拉圭宪法再次进行了修改。1950 年大选中,安德雷斯·马丁内斯·特鲁埃瓦(Andrés Martínes Trueba)当选总统。随后他对宪法进行了修改，再次恢复了集体行政制。1951 年，乌拉圭成立了全国政府委员会（Consejo Nacional de Gobierno，GNG）来行使国家行政权。该委员会由 9 位成员组成，其中 6 位来自在选举中获最多选票的政党，3 位来自选举中获第二多选票的政党。委员会主席由多数党的 6 位成员轮流担任，任期 1 年。

但是，20 世纪 50 年代中期，乌拉圭经济形势开始恶化。首先，"二战"为其带来的经济利好已利用殆尽；其次，国际形势也发生了变化，欧洲已经完成了战后重建并开始逐渐恢复生产，乌拉圭的国际市场不像以前那样广阔。经济方面的问题直接导致了社会问题。出口商品价格的降低使国民实际收入下降，导致一些工会开始组织罢工。政府委员会采取了宪法规定的用于制止暴乱的措施来镇压工会运动：宣布罢工非法，封闭工会场所，逮捕工人领导者。这样，工会运动的目的就不再仅仅是对经济方面提出要求，同时也对工会应有权利方面提出要求。农业部门发展迟缓，引起了庄园主的不满。1950 年，贝尼托·纳尔多内（Benito Nardone）成立了农村行动联盟（Liga Federal de Accin Rural），通过农村电台（Radio Rura）中一档名为《鞭打》（Chicotaz）的节目来表达对政府、福利国家、新巴特列主义及国家现行政治制度的不满。此外，一些工业部门在发现收益减少以后，便不再坚定地支持路易斯·巴特列的改革和他颁布的有利于员工的法律，相反，他们组织了更多的工人运动和罢工。①

经济形势的恶化、社会不稳定因素的出现都使得红党的威

① 张笑寒：《乌拉圭：钻石之国的历史与文化》，上海社会科学院出版社 2020 年版，第 132 页。

信及地位被削弱。自 1865 年开始,乌拉圭总统之位一直由红党成员担任,但在 1958 年大选中,红党在执政 94 年后败下阵来。与之相反,白党这一次获得了农村行动联盟领导人纳尔多内,以及之前从白党中分裂出去的独立民族主义派(Partido Nacional Independiente)的支持,这样一来,白党在红党连续执政 90 多年后第一次取得了选举的胜利。当时党内的领导人是 85 岁高龄的路易斯·阿尔伯特·德·埃雷拉(Luis Alberto de Herrera)。从 1922 年开始,埃雷拉一共 6 次参加总统竞选,但都以失败告终,但他分别于 1925—1931 年、1955—1959 年两次任职于红白两党共同组成的全国政府委员会。埃雷拉在白党担任领导人 40 多年,在党内拥有极高的威望,围绕着他的思想路线,白党内有一个埃雷拉派。1959 年埃雷拉去世后,这一派别又分为两派,一派为正统派,另一派与纳尔多内的乡村派结盟。虽然埃雷拉 6 次都与总统职位失之交臂,但他的孙子路易斯·阿尔贝托·拉卡列(Luis Alberto Lacalle)于 1989 年赢得乌拉圭总统大选,他的曾孙路易斯·阿尔贝托·拉卡列·彭恩(Luis Alberto Lacalle Pou)在 2019 年乌拉圭大选中也当选为总统。

1958 年选举后全国政府委员会由 6 名白党成员、3 名红党成员组成。当时没有担任任何职务的埃雷拉试图影响新政府,但遭到纳尔多内的坚决反对,这也间接导致了之后纳尔多内领导的农村行动联盟与埃雷拉正统派的决裂。白党执政的第一年就面临着一项出其不意的挑战:1959 年 4 月,乌拉圭沿海和中部地区遭遇了严重的洪涝灾害。虽然政府采取了一系列措施进行应对,但这场洪灾使 4 万多人流离失所。白党竞选时承诺的一项举措就是推翻巴特列派的国家干预经济模式,进而实行市场经济政策。1959 年 12 月 17 日,财政部部长的外汇改革方案通过并实施,其中包括取消国家确定汇率的权力,将货币的价值交由供求关系决定;用海关关税和新的补贴取代多重汇率,并将货币从 1 美元兑换 4.11 比索贬值到 1 美元兑换 11 比索。这些举措带来了很多新的问题。一方面,通货膨胀率上升。1963—1967 年通货膨胀率上升了 50%。另一方面,爆发了金融危机。1965 年大规模的银行危机几乎使金融体系陷入瘫痪。白党的经济自由化政策引起劳工的极大不满,工人运动日益高涨。

　　1962 年乌拉圭再次迎来了大选。虽然这次的政党组成情况与之前有了很大不同,但白党再次赢得了选举的胜利,只不过白党与红党之间的差距大大缩小了。1962 年选举后组成的全国政府委员会的 9 名成员中有 6 名白党成员和 3 名红党成员。

　　当时乌拉圭经济危机进一步加剧,白党的第二个执政期同样面临着重重困难。此时,国际经济形势对乌拉圭也十分不利。欧洲共同体开始对自己的产品进行补贴,同时还提高了关税。苏联启动了一项提高肉和牛奶产量的计划,澳大利亚和新西兰等国家也增加了这类产品的产量,商品的国际价格再次下调。1963 年,共和国银行不得不再次将乌拉圭比索贬值,1 美元可以兑换 16.5 比索。但政府仍然坚持自由的经济政策,国家经济宛如脱缰的野马,无法控制。1966 年,随着新一轮选举的到来,乌拉圭的外债数额和通货膨胀率都在不断增长。①

　　严重的经济问题导致社会问题的发生,社会冲突愈演愈烈,罢工、失业等问题开始变得很平常。1962 年,工人运动组成

----

　　① 张笑寒:《乌拉圭:钻石之国的历史与文化》,上海社会科学院出版社 2020 年版,第 134、135 页。

了单一中央联盟"全国工人会"（Convencion Nacional de Trabajadores，CNT）。同年，共和国大学法律系学生劳尔·森迪克（Rafl Sendic）与其他左派领导人在该国北部甘蔗园的工人中建立了激进的游击队组织"全国解放运动——图帕马罗斯"（Movimiento de Liberación Nacional-Tupamaros，MLN-T）。他们开始训练人员，偷盗武器，组织地下工作网，为开展武装斗争做准备。①

在红党的推动下，1966 年乌拉圭再次修宪，3 个宪法修正案通过了全民公决，其中一项即恢复总统制，总统任期延长至 5 年。在 1966 年大选中，白党败下阵来，红党的奥斯卡·赫斯蒂多（Óscar Gestido）当选总统。赫斯蒂多于 1967 年 3 月正式上任，当时乌拉圭的社会形势非常严峻，经济状况没有好转。同年 12 月，这位刚刚上任不久的总统就突发心脏病离世，由副总统豪尔赫·帕切科·阿雷（Jorge Pacheco Areco）继任总统一职。帕切科一上任就采取了较为强硬的政策，并且这些政策带有一些专制主义的色彩，例如：他取缔了乌拉圭社会党和其他左派组织及它们的出版物；为控制通货膨胀而冻结工资和物价；等等。这些举措引起了社会各界的广泛不满，各种游行抗议活动接连不断。1968 年 6 月，帕切科为镇压各种反对活动，宣布乌拉圭进入紧急状态，取消了宪法的保障，监禁反对派，残酷镇压示威活动。

之后在一次示威游行中发生的流血事件，更进一步激化了矛盾。

1968 年 8 月，在首都蒙得维的亚的一次游行示威中，共和

---

① 贺双荣：《列国志·乌拉圭》，社会科学文献出版社 2010 年版，第 61 页。

国大学的学生利韦尔·阿尔塞(Liber Arce)在冲突中被军方用
武器击中,后抢救无效死亡。阿尔塞的葬礼在共和国大学举
办,运送遗体到布塞奥公墓的过程逐渐演变成一场反对政府的
民众示威。有超过 25 万人参加了葬礼,许多企业在当天休业
以示哀悼,公交车也系上了黑色丝带。

在社会矛盾日益加剧的局势下,图帕马罗斯游击队决定诉
诸武力进行反抗,他们的声势日益壮大。1968 年,游击队进行
了几次袭击活动并对政府官员进行了绑架,其中在对一家酒店
的袭击中抢盗了几百万比索,用以资助其继续进行武装斗争。
同时,他们揭露政府官员的腐败,用抢劫得来的钱购买食品,发
放给穷人,逐渐在穷人中树立了"罗宾汉"的形象。1970 年,图
帕马罗斯游击队的武装斗争规模越来越大,并展开了一些引人
瞩目的行动,如:1970 年 8 月,绑架并谋杀了美国发展援助署官
员丹·米特里奥内(Dan Mitrione);1971 年 8 月,绑架了美国
驻乌拉圭大使杰弗里·杰克逊(Geoffrey Jackson)。1971 年 7
月,还发动了"星星行动"(Operación Estrella),38 名女性图帕
马罗斯游击队成员集体越狱,这是历史上规模最大的女性集体
越狱行动。同时,在卡雷塔角监狱(Punta Carretas)也发生了
100 多名男性图帕马罗斯游击队成员集体越狱的事件。2010—
2015 年任乌拉圭总统的何塞·穆希卡(José Mujica),就是当时
图帕马罗斯游击队的领导人物,他也参与了这次集体越狱
事件。

1971 年,乌拉圭再次举行大选,红党的胡安·玛丽亚·博
达贝里(Juan María Bordaberry)在一片质疑声中当选。值得一
提的是,这一次社会党(Socialista)、共产党(Comunista)、基督
教民主党(Demócrata Cristiano)等左翼党派联合红、白两大党
中的一些派别组成了广泛阵线联盟(Frente Amplio)并参加竞

选,最终获得了 18％的选票。这标志着乌拉圭左派作为一种政治力量开始登上历史舞台,对乌拉圭自独立以来形成的两党政治格局提出了挑战。新政府上台后通过武装部队对图帕马罗斯游击队进行了强力镇压,再加上后来游击队首领的叛变,到 1972 年,游击队的活动基本已经被完全镇压。

在后来的军事独裁期间(1973—1985),图帕马罗斯游击队的领导人一直被当作人质及战利品羁押。还有一些游击队队员流亡到法国、瑞典等国家。随着民主制度的恢复,被羁押的图帕马罗斯游击队政治犯获得自由,随即他们表明了自己的态度:支持民主法治,并加入广泛阵线联盟。近年来,图帕马罗斯游击队的许多成员在政府部门担任要职。

军人力量在镇压图帕马罗斯游击队的行动中得到了增强,这为后来的军人专政埋下了伏笔。1973 年 1 月 31 日,参议员阿米尔卡·瓦斯孔瑟约(Amilcar Vasconcellos)在“致乌拉圭人民的信”中就已经警告说,武装部队对国家政治事务的干预越来越严重,国家将再次进入另一个军国主义时期。1973 年 2 月 8 日,博达贝里任命安东尼奥·弗朗西斯(Antonio Francese)为国防部部长。由于弗朗西斯是一位文人,空军和陆军随即宣称不承认这位新部长,同时表明军方不仅仅是为国家发展提供安全保障,还应当参加到国家道德和物质的重建过程中。声明的发表实际上意味着这两股军事力量的叛变。在军方的压力下,2 月 12 日,博达贝里与军方签订了《博伊索·兰萨协定》(Boisso Lanza Pact),接受了军方的所有要求。该协定赋予了军队为国家发展提供安全保障的使命,并确立了军队参与政治生活的具体形式。

除了国内政治经济危机外,美国支持拉美右翼军政权政策的影响,巴西、秘鲁军政权的示范作用,20 世纪 60 年代拉美军人干政理论的形成及乌拉圭军人势力的增强,使乌拉圭军方既具备了建立军政权的国内外条件,又具备了建立军政权的理论依据和实力。①

1973 年 6 月 27 日,博达贝里在武装部队的支持下,解散了参众两院,并成立了国务委员会(Consejo de Estado),该委员会具有立法职能和行政控制权。这意味着博达贝里的总统职权已被架空,军人领导的国家安全委员会真正掌握了国家的权力,乌拉圭进入了军事独裁期。政变当天,"全国工人会"和共和国大学开始罢工抗议。这次罢工持续了 15 天,是乌拉圭历史上持续时间最长的一次罢工。

1976 年,博达贝里提出进行政体改革的计划,取消所有政党,建立一个不必由选举推选出的行政机构。这一计划遭到了军方的反对,博达贝里被废黜,国务委员会主席阿尔韦托·德米切利·利萨索(Alberto Demicheli Lizaso)取而代之。德米切利于 1976 年 6 月 12 日出任总统,但由于他拒绝签署军方要求的政治流放令,同年 9 月 1 日又被阿帕里西奥·门德斯·曼弗雷丁(Aparicio Mendez Manfredin)取代。1980 年,门德斯和军方一道起草了宪法法案,企图将独裁统治合法化,但是该法案遭到了其他政党的坚决反对,也没有通过全民公投。这迫使军事独裁政权开始逐渐进行民主开放,乌拉圭军事独裁进入一个过渡时期。1981 年,格雷戈里·阿尔瓦雷斯·阿尔梅伊诺(Gregorio Alvarez Armellino)出任总统。

宪法公投后,乌拉圭恢复民主的呼声愈加高涨。1982 年,各政党进行了内部选举,在选举中达成共识,一致认为要反对

---

① 裴培:《乌拉圭军事独裁政权的产生及其特点》,《拉丁美洲研究》1990 年第 3 期,第 8—14 页。

独裁,恢复民主政治。最后反对独裁的一方获得了选举的胜利。次年,军政府与政党领导人在花园酒店(Parque Hotel)进行了一系列协商谈判,就政权过渡问题召开了 7 次会议,但 3 个月后谈判停滞,当时军政府仍然没有停止对其他党派成员的迫害。与此同时,社会各界力量也开始行动起来。1983 年 11 月 27 日,首都蒙得维的亚发生了乌拉圭历史上参加人数最多的游行抗议活动——方尖碑事件(Acto de Obelisco)。大约有40 万人聚集在蒙得维的亚宪法方尖碑(宪法方尖碑建于 1930年,为了纪念 1830 年乌拉圭第一部宪法颁布 100 周年)前高呼口号:"为了民主和没有排斥的乌拉圭。"1984 年,军政府与各党派再次恢复了对话协商。同年 8 月,双方达成《海军俱乐部协定》(Pacto del Club Naval)。根据这个协定,军政府承诺恢复民主化进程,取消对政党活动的限制(乌拉圭共产党仍被禁止),重新审理政治犯,军人放弃对国家安全委员会的控制权和对文人政府决策的否决权,国家安全委员会改由总统领导;同年 11 月 25 日将重新举行大选。最终,红党的胡利奥·玛丽亚·桑吉内蒂(Julio María Sanguinetti)在 1984 年大选中当选总统。1985 年 2 月,阿尔瓦雷斯辞职,军政府交权;同年 3 月 1日,桑吉内蒂就任,至此乌拉圭军事独裁统治时期结束,国家恢复了民主制度。

这次军事独裁时期持续时间长达 12 年,其间乌拉圭由不符合宪法的军政府统治,议会被解散,政党遭到禁止,工会组织和新闻媒体被取缔,反对者遭到迫害和监禁。至 1976 年,军方关押的政治犯达 6000 人,其占国家总人口的比例是世界上最高的。

1985 年独裁统治结束后,乌拉圭于次年颁布法令,对在独裁统治期间共同犯下侵犯人权行为的军人、警察和平民不予追罚,使得受害者无法就这些罪行追究犯罪者的责任。但是美洲人权法院(Constitutional Law and Human Rights)在 2011 年废除了这项法律,这意味着受害者可以对过去的罪行进行调查或起诉。

中篇

富庶闲适的今生

牛羊好似珍珠洒——南美瑞士

　　乌拉圭有一个别名"钻石之国"。初闻这个别名,很多人都会以为它盛产钻石,但这里其实并不以出产钻石为特色,而是因为它的版图形状酷似一枚钻石而得此别名。实际上,乌拉圭矿产资源并不丰富,矿业在经济中也并不重要,主要的矿产品有黏土、沙砾、白云石、云母、石英等。如果说与宝石有关的话,这里确实盛产紫水晶和玛瑙。虽然没有丰富的矿产资源,乌拉圭的土地资源却是拉美国家中最丰富的,整个国土面积的90%可以用作农牧业生产(拉美国家的平均水平为24%),其中7%为耕地、77%为天然草场、6%为林地,其他用途土地占10%。这也就决定了它是一个传统的农牧业国家。

　　可以说,不管是在经济发展领域还是在民众生活领域,牛羊在乌拉圭一直占据着一个非常重要的地位。17世纪殖民之初,西班牙人在这片因没有找到金、银等贵金属而被称为"无用之处"的拉普拉塔河东岸土地上放养了一批牛。随着时间的流逝,牲畜的数量越来越多,也正是因为这些牲畜,荒无人烟的东岸地区开始陆续有了人类活动。100多年后,这里已经有了几百万头牛,且皮革几乎是17世纪时这里唯一的商品。1778年的自由贸易协定使得除了皮革外的肉、油脂、犄角等也成为畜牧业的重要产品。之后几个世纪里,肉类包装技术及冷冻技术的发展使乌拉圭的牛肉大量出口,带动了经济的发展。

　　在独立后的头45年(1830—1875),乌拉圭的经济结构与殖民时期相比并没有太大变化,出口的主要是与畜牧业(主要是养牛)有关的产品,其中销往欧洲的皮革是最重要的出口产品,此外还有销往古巴和巴西的肉类,虽然这一时期肉类的外销量有所下降。到了19世纪中期,出现了一个重要变化,羊的重要性凸显了出来,甚至超过了牛。英国纺织业对羊毛的需求大大刺激了乌拉圭养羊业的发展,羊的存栏数超过了牛,羊毛出口收入也超过了皮革出口收入。农牧业的这一次变化巩固了以大规模农场畜牧为基础的农业出口模式,进而也肯定了土地私有制。

乌拉圭第二次产业结构变化是在巴特列时期(1903—1929)。这一次的变化以国有化为推动力,巩固了国家作为经济主体的地位,涉及的范围更加广泛。国有化政策致使公共部门在国民经济中的参与度大幅提高,这一时期成立了国家保险银行、乌拉圭抵押银行、国家电力公司、国家铁路管理局,同时将乌拉圭东岸共和国银行收归国有。也正是在这一时期,冷冻技术的发展给牛肉出口带来了一场革命,适逢第一次世界大战爆发,乌拉圭牛肉出口量增加了1倍。在畜牧业发展的带动下,乌拉圭经济进入繁荣期,社会福利大幅提升,开始被称为"南美瑞士"。除了国有化外,巴特列时期的这一次经济现代性转型还集中在城市工业部门,但影响力有限,并没有撼动传统的农业出口模式。

以上时期可以理解为乌拉圭经济发展的第一个阶段——外向型经济阶段。到了1929年,出现了转折。1929年的经济危机导致国际贸易往来减少,农牧业产品在全球范围内需求量的降低直接影响了乌拉圭经济的发展。为了应对这一危机,乌拉圭开始了进口替代工业化的进程,这一策略在当时的整个拉丁美洲都非常普遍。乌拉圭也开始进入经济发展的第二阶段——内向经济阶段。1940年之前,主要发展的是用国内原材料进行加工的工业,之后加工进口原材料的工业得到发展,特别是纺织、造纸和冶金工业。这一战略确实推动了乌拉圭经济的快速发展,并在20世纪40年代末期达到顶峰,但1955年以后,受规模经济的限制,乌拉圭经济一度陷入停滞状态。

为应对经济停滞,政府采取了汇率自由化和取消贸易管制的手段,同时使货币贬值。这一时期可以被视为乌拉圭经济发展的第三个阶段——自由经济和新自由经济阶段。1973年军政府上台后继续实行自由主义改革,虽然取得了很大的成效,但受国际形势影响,20世纪80年代乌拉圭经济持续恶化,陷入了1929年以来最严重的经济危机之中。1985年恢复民主的时候,国家仍深陷在经济衰退中。新上台的民主政府主要采取了两个举措:提高工资以刺激国内需求;与债权国谈判推迟外债偿还。与此同时,阿根廷和巴西都实施了稳定计划,对外需求量增加,这有利于乌拉圭对该地区的出口。内外需求的增长使乌拉圭经济得以进入恢复阶段。

然而1988—1989年间,阿根廷和巴西的稳定计划都失败了,进而致使乌拉圭经济发展步伐也随之放缓,到1990年,由于经济失去竞争力,乌拉圭再次进入经济衰退期。和其他拉美国家一样,受经济政策、国家改革和外部市场开放的影响,这一时期乌拉圭的经济发生了剧烈的变化。在宏观经济领域,为了降低通货膨胀率,政府在财政和汇率领域采取了各种措施,与此同时,国家逐步退出经济活动,鼓励自由竞争,放松管制。这些政策导致国家重要经济结构的重组,工业在国内生产总值中所占份额减少(主要由于小型企业和出口企业的关闭),经济增长部门主要集中在金融服务和商业服务领域。20世纪末,巴西货币贬值,阿根廷经济衰退,石油价格上涨,这些都导致乌拉圭国内生产总值急剧下降。2001—2002年,乌拉圭出现了严重的金融、经济和社会危机。

在美国、国际货币基金组织和世界银行的援助下乌拉圭的金融危机暂时得到缓解。随着左派在2004年的大选中获得胜利,乌拉圭经济进入第四个阶段——后新自由主义(Posneoliberal)阶段。国家在经济、生产和社会领域重新获得了主导地位,经济持续增长。自2003年以来,乌拉圭的经济经历了正增长,2003—2018年间的平均增长率为4.1%。阿根廷和巴西在2017年和2018年经历了经济衰退,但这一次乌拉圭摆脱了以前与这2个主要邻国经济增长同步的模式,虽然增长明显放缓,但仍然保持增长。这说明审慎的经济政策显著提升了该国抵抗区域冲击力的能力。

现今,乌拉圭在拉美处于中等发展水平,经济规模较小,产业结构单一,主要依赖出口。据乌拉圭央行公布的统计数据,2022年乌拉圭国内生产总值(GDP)为29302亿比索,约合742亿美元(按当年平均汇率折算),人均国内生产总值约20867美元。全年通货膨胀率为8.3%,失业率7.9%①。在过去20年,乌拉圭GDP年均增长率为3.4%,高于拉美和加勒比地区平均水平的2.5%。②

就产业结构来讲,乌拉圭农牧业较发达,其中畜牧业以养牛业和养羊业为主,全国人均拥有3.5头牛,长期保持着世界第一的纪录。这里牛和羊的饲养大多以天然牧场放养为主,所

---

① 《乌拉圭宏观经济概况》,http://uy. mofcom. gov. cn/article/ddgk/zwjingji/202106/20210603110993. shtml,2022-06-10.
② 《乌拉圭旅游部发布旅游投资指南吸引全球投资者》,https://zjydyl. zj. gov. cn/art/2024/3/4/art_1229691743_42490. html,2024-04-10.

以牛肉、羊肉及乳制品品质优良。乌拉圭总统穆希卡在 2013 年访问中国时说：“我们所处的地区是全球仅存的没有被开垦过的农业资源最丰富的地区。”优秀的农牧业使得乌拉圭奶制品和肉制品出口到世界各地。现在乌拉圭每一头牛都进行了登记，可以进行电子跟踪，世界上任何一个吃到乌拉圭牛肉的人，都可以查到牛的照片，了解这头牛在哪里出生长大。乌拉圭也非常注重牛羊饲养过程中的防疫工作。乌拉圭的工业发展也以农牧产品加工为主。服务业占国民经济比重较高，以金融、旅游、物流、交通为主。2020 年，乌拉圭第一产业产值占国民经济增加值的比重为 7.5％，第二产业产值占比为 18.0％，第三产业产值占比为 63.0％。

乌拉圭在出口市场方面已基本实现了多样化。2020 年的口额为 68.57 亿美元，同比下降 10.8％，净出口占 GDP 比重为 4.4％，出口产品中，牛肉（15.8 亿美元）、纸浆（11.0 亿美元）、大豆（7.5 亿美元）和奶制品（6.5 亿美元）占据重要地位。尽管由于肉类、大豆、木材、羊毛和皮革销售额下降，其对中国出口下降了 34.7％，中国仍是乌拉圭第一出口市场（2012 年，中国首次超过巴西成为乌拉圭第一大贸易伙伴，此后一直保持这一地位）。[①]

虽然经济总量在拉丁美洲一直处于中等水平，但自 20 世纪 50 年代起，乌拉圭还是逐渐脱颖而出。在何塞·巴特列执政期间，乌拉圭的社会福利水平达到了可与欧洲媲美的程度，成为拉美第一个通过《离婚法》（*Ley de Divorcio*）的国家、世界上最早给予女性选举权的国家之一，同时也是世界上第二个通过法律建立了免费、义务和世俗教育体系的国家。当时一位美

---

① 商务部：《对外投资合作国别指南 乌拉圭》，2021 年，第 25 页。

国记者在一篇文章中不无惊讶地提到,这样的乌拉圭与当时整个拉美地区的社会环境格格不入,并把其称为"南美瑞士"。这位记者不会想到自己给乌拉圭取的这个别名后来会有这么广的流传度。"南美瑞士"这一称呼被当时的巴特列派当作一种美称、一种对其执政能力极大褒扬与肯定的描述加以渲染,并在报刊上再次提及、宣传了这种说法。一方面由于政府的积极渲染宣传,另一方面由于本身确实存在高福利高待遇,"南美瑞士"这个别称逐渐传播开来,广为人知。此外,还衍生出了另外一些类似的称呼,如把蒙得维的亚称作"南美雅典",将乌拉圭称作"南美法国",等等。

　　之后乌拉圭的发展也不断印证了"南美瑞士"这个称呼。到了 20 世纪 80 年代,它的经济发展水平排名世界第四。1999年人均国民收入 6360 美元,高于巴西、墨西哥、智利等许多拉美国家。在社会发展方面,乌拉圭在拉美国家中排名前列,一些重要的社会发展指数与世界发达国家相差无几。以收入分配为例,乌拉圭是拉美国家中收入分配最均衡的国家,1994—1997 年基尼系数为 0.43,可与北欧国家丹麦相比。在 1999 年联合国公布的世界人文发展指数排名中居第 40 位,在拉美仅次于智利(第 34 位)和阿根廷(第 39 位),居第 3 位。[1]

　　进入 21 世纪以后,"南美瑞士"这个称呼仍然存在。乌拉圭虽然经济总量在拉丁美洲并非位居前列,但是凭借高水平的社会公平度、低水平的贫富差距、高人均收入,以及低贫困率,还是脱颖而出。2021 年,乌拉圭人均国内生产总值达到 23869美元,位列拉美国家第 3 名。按照世界银行 2015 年的标准,人

---

　　① 　贺双荣:《列国志·乌拉圭》,社会科学文献出版社 2010 年版,第168 页。

均国内生产总值低于 1045 美元为低收入国家,1045—4125 美元为中低收入国家,4126—12735 美元为中高收入国家,高于 12735 美元为高收入国家,很明显乌拉圭现在属于高收入国家。该国中产阶层占了总人口的 60%,这一比例位居拉美国家之首。据官方统计,乌拉圭的中度贫困从 2006 年的 32.5% 降低到 2018 年的 8.1%;极度贫困实际上几乎已经被消灭,从 2006 年的 2.5% 降到了 2018 年的 0.1%。在社会公平方面,乌拉圭的社会贫富差距在拉美各国中属于非常小的,占人口总数 40% 的最贫困的那一部分人的收入增长速度超过了全部人口的平均增长速度。

根据 2017 年世界经济论坛(Foro Económico Mundial)的统计,乌拉圭是拉美地区公平指数最高的地区,在人类发展指数、人类机会指数和经济自由度指数等各种衡量福祉的指标方面,乌拉圭在该地区名列前茅。根据世界银行给出的人类机会指数报告,乌拉圭人在教育、饮用水、电力和卫生设施等基本服务方面已经实现了高水平的机会平等。

值得一提的是,与一些拉美国家存在的高腐败率相比,乌拉圭的腐败率、贪污案件发生率是非常低的。于 2010—2015 年任职的第 40 任总统何塞·穆希卡一度被人称为“全球最穷的总统”。穆希卡是乌拉圭 20 世纪 60 年代著名的图帕马罗斯游击队的发起人,后成为领导。这个组织揭露政府官员的腐败,用抢劫得来的钱购买食品,发放给穷人,逐渐在穷人中树立了“罗宾汉”的形象。穆希卡曾多次参加该组织袭击银行、娱乐场所、监狱等活动。到 70 年代,游击队的各种活动基本已经被镇压。穆希卡于 1969 年起处于地下状态,曾 4 次被捕,2 次越狱,在监狱里被关押了 14 年,1985 年大赦时才得到释放。2018 年,乌拉圭导演阿尔瓦罗·布莱切尔(Álvaro Brechner)拍摄了一部影片《12 年的夜晚》(*La nocche de 12 años*)(又被译为"地牢回忆"),讲述了穆希卡及其他 2 位图帕马罗斯游击队成员被羁押时期的经历。

2009 年当选总统后,穆希卡并没有搬到总统府邸,而是继续生活在蒙得维的亚郊区的一座农场里,农场外只有一条乡间土路,仅有的守卫是家门前的 2 条狗。房屋、家具陈设、各种设施都非常简陋,连自来水也没有,生活用水还需要提桶去打。其实穆希卡当选总统后月薪有 11000 美元,但他只留了 1500 美元作为生活费用,其他都捐献出去了。2010 年,穆希卡依法公开财产,经官方审计,他的家产大概是 1800 美元,主要来自他那辆 1987 年的大众甲壳虫汽车,就这还是朋友们凑钱帮他买的。曾有个中东土豪出价 100 万美元购买穆希卡的甲壳虫汽车,但被他拒绝了。穆希卡表示:"卖掉甲壳虫汽车是对凑钱让我买车的朋友们的一种冒犯。"穆希卡名下没有任何其他财产,甚至没有银行账户,也没有积蓄,没有债务。他的夫人托普兰斯基(Topolansky)名下有一个小花卉农场、一辆拖拉机和其他一些种花设备。托普兰斯基说:"我们是那种老一代的现金使用者,我们没有银行账户或信用卡。"空闲时间,穆希卡也会开着拖拉机在农场里种花。①

穆希卡说:"如果我用很少的东西的话,那用来维持它们的东西也不需要很多,同时我也可以省下时间来做我感兴趣的事情。"对于"全球最穷总统"这一称呼,他本人回应道:"我本人并不感到贫穷。贫穷的人是那些仅靠工作来维持奢侈生活方式、欲望无穷的人,如果你没有很多财富,何必为了追求财富,像奴

①　余熙:《约会乌拉圭:"南美瑞士"的闲适故事》,世界知识出版社 2011 年版,第 126 页。

隶一样奋斗一辈子。"穆希卡的这种生活态度和作风得到了乌拉圭民众的喜爱,人们亲切地称他佩佩(Pepe),但大部分乌拉圭人都认为节俭的风格不是获得投票的通行证,有民众对穆希卡并不认同,争议也一直存在。对此他回应道:"让他们想怎么批评就怎么批评,这就是自由的意义。我一生都在被人批评。"在穆希卡的推动下,乌拉圭成为拉美第一个允许同性婚姻的国家,也是第一个允许自由堕胎的国家。在他执政期间,乌拉圭失业率从 13％下降到 7％,贫困率从 40％下降到 11％。2013年、2014 年,穆希卡连续 2 次入选美国《外交政策》杂志评选出来的"拉美最具影响力 5 位人物"。

然而,一直以来对"南美瑞士"这个称呼的质疑声和反对声并没有消失。如果说"南美瑞士"这个称呼带有霸权主义色彩,乌拉圭还有一句充满自信的民族性口号:"没有比乌拉圭更好的乌拉圭。"乌拉圭著名政治评论家胡安·卡洛斯·多耶纳特(Juan Carlos Doyenart)借用这句话,将其一部著作命名为《没有比当时的乌拉圭更好的乌拉圭》(Como el Uruguay no había),书中指出:"当其他社会都在向前看,努力构建自己的梦想时,我们乌拉圭人更偏向向后看,用 20 世纪前半叶的许多美好事物来构筑我们的美梦,因为我们不允许单单只存在美国梦,我们还要乌拉圭梦:回到过去。"不管是"南美瑞士",还是"没有比乌拉圭更好的乌拉圭",多耶纳特认为,这么多年过去了,乌拉圭人固守着这样的神话,并用这个神话来对抗任何现实,如果现实与乌拉圭人的梦想不一致,他们就会认为现实是错误的。乌拉圭纪录片《旁白》(Aparte)的播出与广泛讨论似乎证实了这一点。

2002 年,正值乌拉圭深陷经济危机之时,导演马里奥·汉德勒(Mario Handler)拍摄了一部纪录片《旁白》,影片有力地传递出对"南美瑞士"这一称呼的质疑。这部纪录片讲述的是蒙得维的亚郊区一群年轻人的故事,他们不仅在经济和社会领域被边缘化,同时在文化领域也遭到了忽视。导演没有直接讲述经济、社会问题,也没有用画外音来对画面进行直接解释,而是仅仅通过走进人物真实的生活展现乌拉圭年轻一代就业、生存的压力与困难及其带来的严重后果:知识和文化的匮乏。当时乌拉圭的经济非常糟糕,1999—2003年间,城市贫困率从15.3%增长到30.9%,失业率从11.3%增长到17%。但这一现实情况在很大程度上被人们选择性无视了,很多人仍然选择继续沉浸在"南美瑞士"的神话中。这部影片一经播出就引起了强烈反响并遭到了很多人的攻击。其中一大部分负面声音的出现正是因为这部纪录片打破了"南美瑞士"的神话,展现给人们一个有些陌生但与其他拉美国家并无二致的乌拉圭,同时击碎了部分人眼中乌拉圭与其他拉美国家相比较的优越性。汉德勒以"这就是乌拉圭,你看到的就是今天的乌拉圭"为宣传口号,这一强有力的口号更是给沉浸于昔日美誉的人们一记响亮的耳光。随后,出现了一些质疑的声音。有些人认为汉德勒并没有如实反映主人公的生活,其中许多情节、片段是为了打破"南美瑞士"的神话而故意设置的。有人甚至出来证实导演通过金钱等方式操纵主角们对自己真实生活的"演绎"。对此汉德勒回应说,他从未对影片中人物的行为进行干涉或者操纵。事实上,影片中主人公未来的生活与纪录片中的他们展现出来的生活别无二致。几年后,记者西梅纳·阿桂尔(Ximena Aguiar)对《旁白》中的几位主人公进行过一次采访,并于2007年将采访内容发表在《国家报》上:吸毒、犯罪、监禁构成了影片中内诺(Neno)的生活;克里斯蒂安(Cristian)在迈阿密找到了工作并存下一点钱,但对毒品的沉迷又将他引入犯罪之途,最终他回到了乌拉圭。不管事实是怎样的,这部影片获得了极高的关注度,在赞誉与贬斥声中,乌拉圭人对祖国"南美瑞士"的称号也进行了思考。

今天,有一部分人也看到了乌拉圭社会发展的各项短板与不足,他们认为就现在的发展状况来看,这个意味着高福利、高社会公平度的称呼或美誉已然成为乌拉圭人的一种回忆。其中一点就是乌拉圭人引以为傲的教育系统已经出现了一些问题。乌拉圭公共教育的基本原则是世俗、免费和义务教育。根据联合国教科文组织的研究,乌拉圭的教育系统有利于社会公平的实现。在这里,从学前教育(幼儿园)一直到高等教育(大学)都是免费的,其中初等教育(6 年,面向 6 岁以上儿童。相当于中国的小学)和中等教育(分 2 个阶段,各 3 年,面向 12—17 岁青少年,相当于中国的初中和高中)是义务性的。但 2017 年,每 10 个 23 岁的乌拉圭人中,只有不足 4 个人完成了规定的义务教育。20 世纪 70 年代,乌拉圭青年中拥有高中学历的人数占比大约为 25%,这和当时欧洲南部的大部分国家基本持平;但是 2017 年,这一比例在乌拉圭仅上升到 38%,远远落后于当时的欧洲各国,甚至已经低于拉丁美洲的平均水平了。

不论褒贬,乌拉圭"南美瑞士"这一称号都已经流传开来;不论现在的情况怎样,这一称呼都依然存在。对于大多数人来讲,这其实与另一个国度瑞士并无太大联系,它代表的是人们心目中发达、民主、公平的乌拉圭。

不仅仅是"每童一电脑"——赛贝计划

"教则易为善,善而从正,国之所以治也。"教育的重要性已毋庸置疑,古今中外的文人墨客、政治家、领导人也早已洞悉了教育在个人人格培养、国家发展方面的无可替代性。看到乌拉圭的孩子们,我们就看到了这个国家的未来,了解乌拉圭的教育体系能够帮助我们更好地了解它的现在,以及更好地预见它的未来。说到乌拉圭的教育,就不得不提及一项十几年都没有淡出人们视线的重要举措——"赛贝计划"(Plan Ceibal)。

10 年前,在乌拉圭,一种绿色的小型设备在孩子们中间非常常见,几乎人手一个。对于我们来说它似乎像是一个稍稍放大的电子词典,尺寸小巧(193mm×229mm×64mm),分为屏幕和键盘两个可以开合的部分。其实这种设备有一个名字,叫作 XO,又叫"百元电脑",是一款专门供学生使用的小型笔记本电脑。这款电脑能耗极低且售价相对低廉,为 100 美元,可以连接无线网络,拦截不良广告,运行定制的 Linux 系统。它的诞生得益于"每童一电脑"(One Laptop Per Child, OLPC)项目的开展实施。

2005 年 11 月底,在突尼斯召开的信息社会世界峰会上,麻省理工学院媒体实验室(MIT Media Lab)的联合创始人尼古拉斯·内格罗蓬特(Nicholas Negroponte)宣布"每童一电脑"项目启动。1 年后,在瑞士达沃斯召开的世界经济论坛上,"每童一电脑"项目的成果——一台带着黄色曲柄的绿色小电脑,正式与世人见面。尼古拉斯称："我们相信,我们可以为世界各地的儿童提供数亿台这样的机器。它的售价不再是 100 美元,而是会变得更低。"根据尼古拉斯的初衷,"每童一电脑"项目不是一个纯粹的科技项目,其目的也不在于电脑技术的革新,它以非营利组织的形式来推行,是为了让那些即使生活在地球上最偏远地区的儿童也有机会接触到不同的思维方式,让他们也有机会发挥个人潜能,与世界其他地区的孩子一样,能够通过这台小小的电脑学会探索与表达,从而建立一个更高效率、更合理的世界。因此,在这一背景下设计出来的电脑以便携、耐用、廉价为特色,旨在改变发展中国家儿童的生活。

　　虽然尼古拉斯将这个项目描述得非常高尚,并为其添加了一些诸如"非营利""人道主义""公平"的标签,但是自诞生之日起,围绕"每童一电脑"项目展开的讨论就没有停止过,针对它的非议也从未消失。有人批评说尼古拉斯其实就是一个彻头彻尾的商人,其最终还是为了营利而不是所谓的公益,因为根据该项目的规定,百元电脑只卖给政府,接受购买的单位不少于 10000 个。对此,"每童一电脑"项目给出的解释是只有在大规模生产并且没有中间商进行分销的情况下,才可能把价格降到最低。此外,除了设备的质量、性能外,最受争议的一点就是该项目的创始人和工作人员以这个所谓的公益项目为跳板去获取经济利益。包括尼古拉斯在内的几位工作人员之后都相继离开了"每童一电脑"项目,并且创建了各自独立但是又与"每童一电脑"项目有关联的商业项目,这不得不让人怀疑他们是利用"每童一电脑"项目带来的名气与好处开展其他的商业行为。不管情况如何,随着 AMD、北电网络(Nortel)、谷歌(Google)等科技企业的加入,经过不断的研究开发,经历了售卖政策的调整、价格的浮动等一系列变动后,"每童一电脑"项目的最终产物——XO-1终于在2007年开始大量生产销售。

在"每童一电脑"项目如火如荼开展的背景下，不少国家，尤其是发展中国家，如南美洲国家的教育部门都有所响应。"每童一电脑"项目投入销售的第一年共卖出了大约60万台电脑(虽然距离其最初预计的目标500万—1500万台还相去甚远)，其中的大订单主要就是与墨西哥、乌拉圭和秘鲁这几个国家签订的。乌拉圭的反应是所有国家中最积极的，同时它也是南美地区第一个将同类设想大规模付诸实践的国家。2007年，乌拉圭热火朝天地开展了赛贝计划。赛贝计划的核心宗旨是"开展必要的研究、评估，采取必要的行动以完成为每个学龄儿童和每个公立学校教师提供一台笔记本电脑的任务，同时针对电脑的使用对教师进行培训，并推动制订与之相符的教育规划"。该宗旨在乌拉圭于2007年4月18日颁布的144/007号总统法令中得到规范。具体来说，赛贝计划的第一阶段旨在为全国范围内公立小学的每个教师和学生提供一台完全免费的、能够连接互联网的电脑。此外，乌拉圭的赛贝计划还强调学生可以把自己的电脑带回家，他们的父母、家人也同样可以使用。这样一来，赛贝计划就在一定程度上突破了教育系统，进入乌拉圭每个家庭之中，为学生的父母也创造了接触信息知识的机会，从而将学校、老师、家庭连接起来。

其中还有个小插曲。"每童一电脑"项目开启后，乌拉圭立即提出想成为这个项目的合作国家，但当时得到的回答是否定的，因为乌拉圭的订购额没有达到要求的数目。之后乌拉圭再一次提出合作要求，这次对方松动了，说在完成其他大订单之后可以与其合作。之后在美洲开发银行(Banco Interamericano de Desarrollo)的一次会议上，"每童一电脑"项目和英特尔公司一同展示了它们各自的电脑，其中英特尔公司刚开发的学生电脑

售价更为昂贵一些。乌拉圭向英特尔公司提出了自己的合作
意向,随后"每童一电脑"项目立即前往乌拉圭与其政府领导人
进行了会谈。赛贝计划宣告启动后,"每童一电脑"项目和英特
尔公司先后分别向乌拉圭赠送了电脑作为样品试用。① 最后乌
拉圭选用的设备是"每童一电脑"项目的产品。2007 年在佛罗
里达省进行试点后,赛贝计划在乌拉圭全国范围内得到了全面
推广。2007 年,乌拉圭政府为该计划投入 4.9 亿比索(约合
1.12 千万美元),占了国内生产总值的 0.099%、中央政府支出
的 0.41%、教育总支出的 2.7%;2008 年,这一投入上升到了
12.03 亿比索。

　　2009 年 10 月 14 日,乌拉圭《瑞德 21 日报》(La Red 21)上
刊登了一篇文章——《昨天,最后一台电脑交付》(Ayer fue
entregada la última laptop)。在时任总统塔瓦雷·巴斯克斯
(Tabaré Vázquez)的见证下,赛贝计划第一阶段的最后一批电
脑交付,而巴斯克斯本人也亲自将最后一台电脑交给了一年级
学生卢安娜(Luana Bentancor)。

　　至此,赛贝计划覆盖了乌拉圭公立教育体系中所有的小学
学生和小学老师。乌拉圭也成为"每童一电脑"项目相关国家
中第一个从国家层面全面推广电脑的国家。之后,这一计划的
覆盖面不断扩大,开始向公立中学、私立学校及学前教育系统
的学生发放具有更多功能的 XO 电脑。在赛贝计划实施的头 5
年(2007—2011)中,乌拉圭共采购了大约 63 万台 XO 电脑。
此外还为 2100 所公立小学(公立小学总数的 99%),58 所学前
教育中心,250 所中等学校(中等学校总数的 99%),103 所乌拉

---

　　① 　Ana Laura Rivoir, Susana Lamschtein. "Cinco años del Plan
Ceibal. Algo más que una computadora para cada niño", UNICEF
Uruguay, 2012:17.

圭劳动大学附属学习中心,94 所私立学习机构及市民活动中心,部分街区、住宅区、公共场所等,提供了网络连接,目的是让所有学龄儿童在离家 300 米的范围内能够连接到网络。[①] 赛贝计划在乌拉圭各地的中小学中覆盖面非常广,这也使得乌拉圭成为世界上第一个尽全力确保每个儿童都有电脑和互联网连接的国家。

但是仅仅为学生提供电脑是远远不够的,就像秘鲁教育部长说的那样:"给孩子们发放电脑不像给他们发糖一样简单。"秘鲁作为"每童一电脑"项目的积极响应者,在全国共分发了 98 万台 XO 电脑,但得到的效果却很差:"不幸的是,即使有了 XO 儿童笔记本电脑,也缺乏老师的正确使用指导。"可以看出,"每童一电脑"项目在秘鲁失败的根本原因在于没有制订和发放与电脑配套的教育计划,具体来说就是没有对老师及学生进行电脑使用及维护等方面的培训。"老师和学生打开 XO 电脑,发现机器运行很慢,而且系统漏洞也多。没人指导,他们也不知道该怎么使用,电脑很快就被摆到了角落里。"秘鲁教育部长在接受美联社访问时承认:"我们虽然给学生配备了电脑,但是没有准备好教师,教育部没有制订相应的培训计划。"[②]在这一方面,乌拉圭的举措相对来说比较完善。除了发放电脑外,赛贝计划还提供教师培训服务,并为此配备了专门的团队,还为教师提供学习手册,给他们制订学习课程,等等。教师们在利用 XO 电脑进行教学优化时遇到的问题也可以通过电子邮件进行

---

　　① 　Ana Laura Rivoir, Susana Lamschtein. "Cinco años del Plan Ceibal. Algo más que una computadora para cada niño", UNICEF Uruguay, 2012:43.

　　② 　《OLPC 每童一机普及网络教育的失败》,http://www.lywhy.com/News/View.asp? id=112,2021-10-19。

反馈。与此同时，还配套开展了 3 个相关的志愿者支持项目——海红豆花(Flor de Ceibo)、赛贝 RAP(RAP Ceibal)、赛贝 JAM(Ceibal JAM)。其中海红豆花项目是在大学生中开展的，目的是在大学学术界和乌拉圭社会之间建立新的联系，为国家的"数字扫盲"做出贡献。赛贝 RAP 是一个志愿者服务项目，全国各地的志愿者们可以就该项目的开展、遇到的技术问题等进行交流讨论。赛贝 JAM 则是为 XO 电脑提供教育类软件开发的项目。

赛贝计划在乌拉圭进行得如火如荼，但是"每童一电脑"项目的发展却不尽如人意。让全世界最穷困的孩子可以接受最新的教育，跟上这个时代的步伐，是"每童一电脑"项目的初衷，但是理想很丰满，现实很骨感。《经济学人》杂志评价"每童一电脑"项目的投资得到了让人失望的结果。2014 年，在诸多问题的重压下，这个充满美好愿景及引发诸多争议的项目宣告失败，它的产品最终停留在了 XO-4 版本。次年，"每童一电脑"项目被尼加拉瓜的一个非营利组织收购。作为项目的参与者，加州大学伯克利分校信息学院助理副教授摩根·格·艾姆斯(Morgan G. Ames)还就这个曾经轰动一时的项目的来龙去脉写了一本书——《魅力机器："每童一电脑"的生、死和遗产》(*The charisma machine：a deep dive into one laptop per child*)。在这本书中，艾姆斯探讨了"每童一电脑"项目的兴衰，审视了推动该项目的乌托邦式愿景，以及它在教育中起到的收效甚微甚至可以说是失败的作用。

虽然"每童一电脑"项目最终以失败告终，但为孩子们提供更多获取知识的渠道，帮助他们更好地认识这个世界的努力并没有停止，消除数字信息文盲在这个信息时代对于相对落后地区来讲仍然至关重要。在尼泊尔、卢旺达等地区，相关的一些项目及举措并没有随之消失,而是仍然在发挥着作用;同样,乌拉圭的赛贝计划也并没有因此而停滞,而是朝着纵深方向继续发展。

2012 年,在赛贝计划实施的 5 年后,联合国儿童基金会驻乌拉圭办事处发布了一篇报告:《5 年赛贝计划——对于孩子们来说不仅仅是一台电脑》(*Cinco años del Plan Ceibal. Algo más que una computadora para cada niño*)。报告分析了 5 年来赛贝计划的实施开展为整个乌拉圭带来的影响。除了像儿童使用电脑、网络频率明显提高等一些显而易见的影响外,值得一提的是,孩子们的家人(孩子们的父母及兄弟姐妹)也在使用 XO 电脑。这就将赛贝计划的影响范围扩展到家庭,受其辐射的人群和阶层也更加广泛,有利于缩小该国的"数位落差",也有利于实现社会公平,而这一点也是当初推行赛贝计划的目标之一。起初,赛贝计划就明确认识到,通过分配电脑这一举措未必能让所有孩子和他们的家人都从个人角度完全了解信息技术的功能及相关知识,但它的重要意义在于唤醒文化变革意识。可以确定的是,在这一高度普及的计划的影响下,整个社会将达成一个共识:信息技术日益重要,将会成为当今社会发展不可或缺的一部分,而掌握信息技术也无疑会为个人带来更多的机会。2007 年,乌拉圭收入最高的 1/10 人口拥有的电脑数量是收入最低的 1/10 人口的 12.8 倍;到了 2010 年,这一差距已降至 1.2 倍,此后一直保持稳定。① 这对于实现社会公平有很大的意义。当然也有一些消极的声音。如在课外时间里,相对于学习及查找资料,更多的孩子倾向于利用电脑进行

---

① Consejo de Drección del PlanCeibal. *10 años Plan Ceibal. Hicimos historia haciendo futuro*. 2017:29.

娱乐,而这削减了他们的户外活动及与他人进行交流的时间。同时各学校在赛贝计划实施以前的积极性与期待值非常高,但一旦开始实施,它们的积极性却有所降低。2010 年,公立小学3—6 年级只有 63％的教师根据 XO 电脑的使用修改了他们的课堂实践。

　　让我们回到赛贝计划的核心:为每位儿童配备电脑对他们的学习及成长到底有多大的意义呢? 这个关键性的问题其实很难有一个确切、精密的衡量及判断标准,我们很难通过某种手段,尤其是在一个跨度不算大的周期内,明确得知学生的学习能力、认知能力、思维方式等方面有什么变化。根据《5 年赛贝计划——对于孩子们来说不仅仅是一台电脑》(虽然也是通过小范围内的个例考察),赛贝计划的实施提高了学生们开展各种创造性活动的能力,加快了低龄儿童学习读写的速度,同时也提高了儿童的学习积极性。孩子们的家庭,尤其是社会地位不高、经济条件不是特别好的家庭对赛贝计划抱有很高的期望,对其效果评价很好,认为“孩子们可以获得以前没有渠道获得的信息;有机会阅读更多的书籍;学会更好地学习;等等”。对于教育工作者来讲,大部分人认为赛贝计划对孩子们的学习有积极的影响,但也有不少人认为它意义不大甚至适得其反。对于孩子们自身而言,大部分人对发放电脑这一举措很满意,有 76.7％的受访学生喜欢使用电脑进行学习,19.1％认为有没有电脑对他们来讲差不多,另有 4.2％不太喜欢用电脑进行学习。但同时,也有研究指出,笔记本电脑的分发对小学生的阅读和数学学业成绩没有产生有利影响。不管怎样,虽然赛贝计划遭到了不少质疑,也遇到了很多困难,但总体来说,在实施的头 5 年里,只有 3％的民众对其持否定态度,而有 84％的民众认为这个计划非常有意义,78％的民众认为政府投入大量资金支持这项计划是非常正确的决策。①

　　随着科技的不断发展，赛贝计划的设备也有所升级，从2013 年开始尝试为学生提供安卓系统的平板电脑，并不断升级完善软硬件配置。实际上，自 2013 年起，赛贝计划的重心已经不再是发放电脑及对电脑的使用进行培训和学习，而是向纵深方向继续发展，探索新的教学模式与方法，为学生提供更多发现并发展其自身优势的机会与平台，通过"以学生为中心，扩展教学空间，科技服务于具体目标"这几点来实现学生的深度学习。

　　依托赛贝计划和国家公共教育管理局（ANEP），乌拉圭加入了一个由 7 个国家组成的国际网络，重点研究将学习与学生的兴趣及现实生活联系起来的教学方法。它的目的是通过实践，培养孩子们与当今世界发展相匹配的能力，如创造力、协作工作和批判性思维。这一行动由加拿大教育学家迈克尔·富兰（Michael Fullan）领导，被称为深度学习新教学法（New Pedagogies for Deep Learning）；在乌拉圭，它被称为全球学习网络（Red Global de Aprendizajes）。深度学习指的是一种教学方法，它试图使跨学科的知识更好地联系起来；教师的角色不再是传统的知识传递者，而更像是陪伴者；它要求学生积极参与其中，锻炼和发现个人的能力。例如，在科洛尼亚的一所学校中，老师教会学生使用独木舟的技术，让他们在河流中自由穿行来观察岸边的动植物生态并用相机记录下来，之后再将其带到教室中。同时他们也通过录像观看自己划船时的姿势以便进行纠正和提高。这是一门体育课、生物课，还是摄影课？

---

　　① Ana Laura Rivoir, Susana Lamschtein. "Cinco años del Plan Ceibal. Algo más que una computadora para cada niño." UNICEF Uruguay，2012：75.

也许兼而有之。这种活动不仅是一项课外运动,而且其本身就是一种学习。2016年,乌拉圭有193所学校加入了该网络;2017年,这一数目上升到了400所。

赛贝计划还提供了各种项目和平台来促进学生的全面发展。如"数字技术实验室"为中学提供了必要的设备、培训及后期指导来帮助学生进行机器人技术、三维建模和物理化学传感器等方面的学习,在提高学生兴趣、鼓励学生发展的同时,将计算思维作为其概念框架,引导学生使用逻辑思维来识别、简化和解决复杂问题。"赛贝英语"也是赛贝计划下属的一个项目,旨在以远程视频教学的模式普及英语教学,缓解乌拉圭英语教师短缺的矛盾。2012年通过网络授课学习英语的小学生(4—6年级)有大约1000人,到了2016年,这一数字上升到了80000人。[①] 自2015年起,几乎所有城市的公立学校都普及了英语教学。"赛贝数字图书馆"以线上图书馆的模式免费为学生们提供了自幼儿园至高中期间所有必要图书资源的阅读和下载服务,包括教科书、科普类图书、儿童和青少年文学、有声故事、教育视频、教学卡片、语音图书、手语故事、图画书、插图歌曲等各种资源。此外赛贝计划还开发了数学练习平台(PAM)、师生交流学习平台(CREA)、教学评估平台等辅助教学的项目。2015年,赛贝计划又开启了新的伊比拉塔计划(Plan Ibirapitá)。该计划为低收入老年人免费提供平板电脑,旨在缩小"数位落差",提高老年人的生活水平,而这与赛贝计划一开始就着力宣扬的终身学习观念相吻合。值得一提的是,2020年疫情期间,赛贝计划再次显示出它的重要性。乌拉圭国家公共教育

---

① Consejo de Drección del PlanCeibal. *10 años Plan Ceibal. Hicimos historia haciendo futuro*. 2017: 60.

管理局决定将 CREA 作为疫情隔离期间教师和学生之间进行交流的线上平台,3 月 19 日,有超过 25 万人登录了 CREA,赛贝计划仍在继续……

　　在赛贝计划实施的 100 多年前,乌拉圭也有一场大规模的教育改革——1875 开始的"佩雷拉改革"。当时除了教育制度、教育法规等制度方面的进步外,政府同样积极地为孩子们提供学习用品,只不过当时提供的是笔和笔记本,而 100 多年后提供的东西成了笔记本电脑。人类在进步,科技在发展,能够让人们跟上这发展,不被一次次甩在科技革命后面的,其实正是教育。到 2021 年,乌拉圭的赛贝计划已经实施 14 年了,计划开启之初设立的整体目标是:为公立小学的所有儿童及教师提供免费的笔记本电脑,以缩小该国的"数位落差";通过提供平等获得信息的条件,促进社会公正;促成新的学习环境的建成,为乌拉圭儿童创造一个有利的环境,使他们能够应对信息和知识社会的需求;通过为教师和学生提供新的工具,扩大他们的学习范围,增加他们的知识,培养他们对终身学习的重要性的认识,进而提高他们的积极性。可以看出,乌拉圭人也明确认识到,身为第三世界国家的人民,他们的孩子们缺少的绝对不仅仅是物质。通过实施长达 10 多年并继续在进行的赛贝计划,我们可以看到,乌拉圭为实现教育现代化,努力跟上这个世界的步伐所做的所有努力,包括资金的投入及全社会的支持。赛贝计划的所有目标虽然不能说完全得到了实现,但乌拉圭教育体系确实朝着这个方向在发展。教育的培养不是一朝一夕就能看到收获与进步的,我们期待在赛贝计划培养下成长起来的乌拉圭人将来给这个国家带来新的变化。

漫步双城——蒙得维的亚与埃斯特角城

蒙得维的亚市是乌拉圭的首都,位于乌拉圭最南端、拉普拉塔河和大西洋交汇处。它的上级行政区划也叫蒙得维的亚,是乌拉圭19个省级行政单位之一,我们下文中提到的蒙得维的亚均是指蒙得维的亚市。

美世咨询公司针对全球城市宜居水平每年会发布一项研究报告。2014年,法国在加勒比海的海外省皮特尔角城(Pwentapit)位居拉美地区榜首,波多黎各首都圣胡安(San Juan)紧随其后,乌拉圭首都蒙得维的亚位居第三。但是自2015年起,蒙得维的亚一跃而上,连续5年位居这一地区榜首。在2019年的排名中,蒙得维的亚以其优越的城市环境卫生条件脱颖而出,再次位居拉美地区之首(世界排名第78位)。蒙得维的亚位于乌拉圭南部拉普拉塔河沿岸,守望南大西洋,与布宜诺斯艾利斯一衣带水,隔海相望。这里气候适宜,环境幽静,空气清新,是乌拉圭政治、经济、贸易、金融和文化中心,集中了全国70％的工业和近一半的人口,是南美人口密度最大的城市之一。这里的商业和文化事业发达,金融市场活跃。

蒙得维的亚的历史可以追溯到300多年前,当时西班牙殖民者占领了新大陆的大部分地区,现今乌拉圭的领土一开始隶属于秘鲁总督辖区,后来与今天的阿根廷、巴拉圭、玻利维亚等地于1776年一起组成了拉普拉塔总督辖区,首府在布宜诺斯艾利斯。那时葡萄牙也一直觊觎着新大陆,并多次试图占领划归于西班牙的领土,扩大自己的面积。1723 年,在赶走葡萄牙人之后,为了抵御他们的再次入侵,布宜诺斯艾利斯首领布鲁诺·毛里西奥·德·萨瓦拉在西班牙国王的命令下开始着手建立一座堡垒据点,即蒙得维的亚的雏形。今天,在蒙得维的亚老城区有一座萨瓦拉广场(Plaza Zabala),正位于当年最早的堡垒所在地,广场中央的一座纪念碑就是为了纪念这座城市的创建者萨瓦拉而建。围绕萨瓦拉广场的街道被称为杜兰戈环道(Circunvalación Durango),也是为了纪念萨瓦拉的出生地——西班牙北部城市杜兰戈。

这座城市最早的城市地图及市民户口册可以追溯到 1726 年,当时的名字是圣菲利普-圣地亚哥·德·蒙得维的亚(San Felipe y Santiago de Montevideo),最早的居民是从布宜诺斯艾利斯及西班牙加纳利群岛移民过去的西班牙人。和大多数殖民城市一样,当时的蒙得维的亚被坚固的城墙包围着,留有一个城门;在教堂和政府对面,有一个小广场。在今天的蒙得维的亚,这些遗迹大部分已不复存在,但又都有迹可循。老城区内有一条城堡街(Calle Ciudadela),是当年蒙得维的亚围墙旧址所在;此外还有一条叫布兰切的街(Calle Brecha),brecha 这个词在西班牙语中是豁口、窟窿的意思,这里正是 1807 年英国人攻占蒙得维的亚时成功攻破城墙的地方。

在著名的独立广场西部,矗立着一座城堡状石墙,被称为"城堡门"(Puerta de la Ciudadela),这是当时蒙得维的亚的城门,不过现存的是仿制版。1877 年,由于人口的增长,旧城墙和城门都被拆除,2 年后城门被移至工艺美术学校(Escuela de Artes y Oficios)内;1959 年,在它的原址上又重建了现在的城堡门。城堡门造型简单、不事雕琢、不奢华、不显摆、不造作,就是一堵普普通通、灰白色、不高不宽、下有门洞的墙,若摆在其他国家,也就被当作一扇不起眼的广告板,但在乌拉圭人眼中,这却是国家象征性的地标建筑。很多向游客出售纪念品的小店铺中都有以它为原型的玩意儿,如挂盘、饰物、微型墙画等。凡是来蒙得维的亚旅行的游客,必须要从城堡门的门洞下穿行而过,否则简直可以认为是没有到过乌拉圭。①

　　除了城堡门外,独立广场中央矗立着一座骑马雕像,雕刻的人物是乌拉圭民族英雄、独立之父阿蒂加斯。雕像底座刻有浮雕,讲述乌拉圭历史上由阿蒂加斯领导的悲壮的"东岸人出走"事件;雕像下是阿蒂加斯的陵墓。阿蒂加斯将军戎马一生,为乌拉圭解放事业呕心沥血。1850 年他客死巴拉圭,3 年后他的遗体被运回乌拉圭,一开始被埋葬在中央公墓的国家万神殿,墓碑上书"Artigas: fundador de la nacionalidad oriental"(阿蒂加斯:东岸民族创建者),后几经周折,于 1977 年 6 月 19日被移入独立广场下的陵墓。现在,阿蒂加斯陵墓对外开放,此外,独立广场上还栽有 33 棵棕榈树,为纪念乌拉圭独立的标志性事件——33 位东岸爱国者登陆。现今独立广场上经常有各类社会活动举行,有时晚上还会挂起临时银幕,播放露天电影。许多市民聚集于此消夏,边啜饮马黛茶边看电影,甚是惬意。广场上的城堡门、阿蒂加斯纪念碑、33 棵棕榈树则在静静地讲述着乌拉圭的过往。历史与现在,在这座不大的广场上和谐碰撞。

---

　　①　余熙:《约会乌拉圭:"南美瑞士"的闲适故事》,世界知识出版社2011 年版,第 48 页。

蒙得维的亚独立广场（杨光摄）

现在的独立广场(或者更具体来说是城堡门)分隔着老城和新城,当我们由东向西穿过城堡门走出独立广场,就踏入了蒙得维的亚的老城区(Ciudad Vieja),从现代新城穿门而过,仿佛回到了几百年前的蒙得维的亚。像其他欧洲老城一样,萨兰迪(Sarandi)步行街由石板砖铺成,阅尽人世沧桑的石板砖在岁月打磨下已经没有了棱角,在阳光下熠熠生辉。沿街有着大大小小出售民间工艺品和旧货的摊位;街道两侧都是百年前的殖民时代的建筑,有西班牙殖民统治时期的议会大厦卡维尔多(Cabildo)、前哥伦布土著艺术博物馆(Museo de Arte Precolombino e Indígena)、乌拉圭国家历史博物馆(Museo Histórico Nacional)、马蒂斯教堂(Iglesia Matriz)、索利斯剧院(Teatro Solís)等。老城区的中心是宪法广场(Plaza de la Constitución),或称马蒂斯广场(Plaza Matriz)。宪法广场这个官方名称是为纪念1812年西班牙加迪斯宪法而取。百年前最初的蒙得维的亚,有城墙,有教堂,有政府机构,还有一个小广场,当时的那个小广场就是现今的宪法广场。在殖民时期及独立后的头几十年,这里是蒙得维的亚城市活动的中心。现如今,宪法广场是到访蒙得维的亚的游客的必经之处。

西班牙殖民时期的议会大厦卡维尔多就位于宪法广场上,它在乌拉圭的政治史、社会史和文化史上都扮演了重要角色,是这座城市在西班牙殖民时期的象征和见证。最初,这一地区的议会设在佩德罗·格罗纳多(Pedro Gronardo)上尉的住所,1737 年才决定建造一所新的建筑用作议会大厦,后来经历过一次重建,1803 年卡维尔多才成为我们现在看到的样子。在这里,召开过推动第一个联合政府诞生的会议,签署过 1830 年乌拉圭第一部宪法,还曾经是外交部所在地……可以说这里见证了乌拉圭的殖民与独立历史。1958 年后,卡维尔多改建为卡维尔多历史博物馆(Museo Histórico Cabildo),向公众开放。

与卡维尔多历史博物馆隔着宪法广场相望的是蒙得维的亚最古老也是最大的天主教堂——马蒂斯教堂,也被称为蒙得维的亚主教堂(Catedral Metropolitana de Montevideo)。宪法广场之所以又被称为马蒂斯广场正是因为旁边的这座教堂。马蒂斯教堂也是百年前蒙得维的亚城中最早存在的建筑之一,1740 年,在这里建成了一座小教堂,后来几经修葺重建,到1804 年成为现在的样子。1987 年,时任教皇莱昂十三世(León ⅩⅢ)将马蒂斯教堂确立为蒙得维的亚主教堂,从而奠定了它在乌拉圭天主教中神圣的地位。教堂中埋葬了许多乌拉圭历史上的重要人物,如乌拉圭第一位红衣主教安东尼奥·玛丽亚·巴比埃利(Antonio María Barbieri)、"33 位东岸爱国者"的领袖胡安·安东尼奥·拉瓦列哈、乌拉圭第一任总统弗卢克图奥索·里维拉等。作为乌拉圭重要参观游览景点的马蒂斯教堂现在仍然为市民提供弥撒、婚礼、洗礼等各种宗教性质的服务。

作为世俗国家,乌拉圭没有国教,是一个宗教信仰自由的国家,基督教信徒占总人口的 49.0%(其中罗马天主教占41.0%),犹太教信徒占 1.7%,其他宗教信徒占 13.0%;无信仰者占 38.0%。主流新教由少数民族组成的宗教团体主要有圣公会、卫理公会、路德会和浸礼会。其他教派和团体包括福音派、五旬节、门诺派和东正教等。①

老城区还有一处重要建筑,即索利斯剧院。这座剧院始建于 1841 年,于 1856 年进行了第一次演出,有 1500 个座位,是乌拉圭国家戏剧院的主要演出场地。现在剧院只有周二到周日晚上有各类剧目的表演,白天供游客参观。

蒙得维的亚的老城区实际上浓缩了乌拉圭殖民与独立的历史,漫步其中,我们能感受到历史的厚重与肃穆,也能体会到今天这座城市的活力与闲适。

在蒙得维的亚老城区还有一处游人必经的美食一条街——港口市场。港口市场始建于 1868 年,其最初的目的是给抵达蒙得维的亚港的船只及生活在周边的富裕家庭提供水果、蔬菜和肉类。经过多年的发展,如今这里拥有各种各样的酒吧和饭店,几乎囊括了乌拉圭的所有特色小吃。这里有乌拉圭最正宗、品种最丰富的烧烤,也有极具特色的酒品、饮料,被视作乌拉圭的美食圣地。每逢节日,成群结队的乌拉圭人涌入港口市场,分享美食、美酒,唱歌、跳舞,与家人和朋友一起欢度佳节。除此之外,这里还是医学生们举行毕业聚会的地方。每年 7 月份,戴着五颜六色假发、夸张帽子,身着彩绘 T 恤的医学毕业生们都会聚集在港口市场,与家人和朋友一起庆祝毕业。毕业庆典非常热闹,人们在喧闹的音乐、喇叭声中跳舞、唱歌。

---

① 　商务部:《对外投资合作国别指南 乌拉圭》,2021 年,第 14 页。

毕业庆典活动在港口市场已经举行了15年，因过于喧闹、脏乱及饮酒等问题，曾遭到附近居民的声讨和反对。受疫情的影响，为减少人群聚集，2020年的医学生毕业庆典没有在港口市场进行，而是在人流量较小的巴特列公园(Parque Batlle)举行。

在老城区最西端，沿着拉普拉塔河岸蜿蜒着一条弧形的长达24公里的大道——兰布拉大道(La Rambla)。说到兰布拉大道，大部分人想到的是西班牙巴塞罗那繁华熙攘的兰布拉大道，但蒙得维的亚也有一条同名的大道，从城市最西边直通蒙得维的亚南部的滨海地带。这条大道的各个路段有不同的名称，而这些名称很多都是国家或地区名，如兰布拉大道-英国(Rambla Gran Bretaña)、兰布拉大道-德国(Rambla Armenia)、兰布拉大道-阿根廷(Rambla República Argentina)、兰布拉大道-秘鲁(Rambla República del Perú)等。这里空气清新，环境宜人，目之所及是碧水蓝天，耳畔是海鸟啁啾，游人欢声笑语。每逢周末，兰布拉大道熙熙攘攘，人们或散步，或聚餐，或垂钓；滑板爱好者、自行车爱好者、观鸟者也都能在大道的不同区域找到休闲活动之处。沿着兰布拉大道一直向前走，就来到了蒙得维的亚南部的滨海地带。

与老城区略带伤感、忧郁的怀旧抒情气氛不同，滨海地带空气湿润清新，人们到此会忘却历史，投入自然的怀抱。蒙得维的亚的最南端是卡莱塔斯角(Punta Carretas)，是这座城市观赏海景的最佳地点。在探入拉普拉塔河的狭长陆地上矗立着一座灯塔——布拉瓦角灯塔(Faro de Punta Brava)。自1876年建造之日起至今天，这座灯塔一直对海上渔船的航行发挥着重要的引航作用。乌拉圭邮政局2000年发售了一批邮票，向布拉瓦角灯塔所做出的巨大贡献致敬，其中有一系列邮票以这座灯塔为主题。

除拥有海景外,卡莱塔斯角还有蒙得维的亚火爆的卡莱塔斯角购物中心(Punta Carretas Shopping)。购物中心的前身是一所监狱,20世纪70年代,反抗组织图帕马罗斯游击队在押人员在这里组织了一场大规模越狱,越狱者中包括游击队领导人、乌拉圭后来的总统——穆希卡。当时这所监狱是乌拉圭安全级别最高的监狱,此次大规模越狱行为的参与者之多在历史上前所未有,同时也对乌拉圭的政局产生了极大影响。自1991年起,监狱设施逐渐被收回,并被改造成一个购物中心,于1994年开始营业,新的购物中心保留了原来监狱的外墙和拱顶。

蒙得维的亚城中随处可见大大小小的公园和花园,现代艺术品和古典雕塑点缀其中,即使只是一块绿草坪、几丛花树、几把长椅,也为这座城市增添了一丝清新闲适,成为市民休闲娱乐的好去处。罗多公园(Parque Rodó)就是其中之一。这座公园的重要性在其所在城区的名称上就有所体现,这一区域直接就被称为"罗多公园区"。罗多公园的全称其实是何塞·安里奎·罗多公园(Parque José Enrique Rodó),是为了纪念乌拉圭著名作家、政治家何塞·安里奎·罗多(José Enrique Rodó)而命名,园内立有罗多的雕塑。罗多不仅在乌拉圭是名垂青史的作家,他的著作及思想对整个拉丁美洲都影响深远。1898年,由于古巴战争,反美的民族主义意识高涨,拉美人民感到与北美的物质文明相比,人类自身的尊严更为重要。由此"人类尊严学说"使拉丁美洲主义运动风起云涌。在这一历史时期,罗多的杰作《阿里耶尔》(Ariel)对于当时社会的人们起到了振聋发聩的作用。

罗多公园始建于1968年,其初衷是给市民提供一处休闲消遣的公共区域。现在的公园占地42公顷,内有人工湖、各种活动区域及游乐设施等。值得一提的是,在公园内的草坪上,立有一座孔子的雕像。1985 年,中国台湾同胞将这座雕像赠予蒙得维的亚,孔子——这位来自遥远东方的智者的雕像随即在罗多公园落脚,雕像面带微笑,相貌敦厚,身子微微前倾,双手向前作揖,面向拉普拉塔河。大理石基座的正反面分别镌刻着"有教无类"和"道贯古今";基座的侧面镌刻的是孙中山先生的手迹,是中国传统经典《礼记》中广为人知的"大道之行也,天下为公"。

　　乌拉圭是距中国最遥远的国家之一,但一座孔夫子雕像似乎把双方的距离拉近了。2017 年,中国在乌拉圭的第一所孔子学院在蒙得维的亚的共和国大学(Universidad de la República)成立。中华民族的传统文化是撒向世界任何角落均能受到尊敬、永远也不会过时的文化名片。

　　从东向西穿过城堡门(或独立广场),我们进入蒙得维的亚的老城区;反向而行则踏入著名的 7 月 18 日大道,到达新城。可以说,7 月 18 日大道是蒙得维的亚最重要的一条大道,其意义对于乌拉圭人来讲可以比拟北京的长安街之于中国人。1828 年 12 月 13 日,乌拉圭宣布完全独立。1830 年 7 月 18 日,乌拉圭第一部宪法通过,正式建国。这就是这条大道名称的由来——为了纪念 1830 年宪法的颁布。

　　在独立广场和 7 月 18 日大道的交界处,也就是 7 月 18 日大道的起点,有一栋蒙得维的亚标志性建筑——萨尔沃宫(Palacio Salvo),游经此处的游客一般都会将其纳入镜头之中。自 1928 年建成之日起,高 105 米的萨尔沃宫一度是拉丁美洲最高的建筑,直到 1935 年被布宜诺斯艾利斯的卡瓦纳大厦(Kavanagh)取代,但时至今日,萨尔沃宫仍然是蒙得维的亚最高的建筑。1919 年萨尔沃兄弟(José Salvo, Ángel Salvo, Lorenzo Salvo)从商人马尔塞利诺·阿连德(Marcelino Allende)

手中买下了这块地皮,并于 3 年后举办了一场比赛,征集建筑物设计稿,最终意大利建筑师马里奥·帕兰迪(Mario Palanti)的作品获胜。当时这位建筑师正在为布宜诺斯艾利斯的巴罗洛宫(Barolo)进行收尾工作,而蒙得维的亚的这座建筑中也运用了很多巴罗洛宫的元素,因此这 2 座建筑物也被称为"姊妹楼"。萨尔沃宫现在有 10 层,塔楼 14 层,共有 370 个房间。其中一层是各种商铺,有一层用作宾馆,其他部分用作办公室、公寓等,其中还有一所探戈博物馆。

东西走向的 7 月 18 日大道横贯蒙得维的亚,将新城区一分为二,街道两边有政府建筑、银行、商铺、饭店、咖啡馆等,此外还有鳞次栉比的临时摊位,出售土特产、纪念品、杂货等小玩意儿。当夜幕降临,整条大道灯火辉煌、霓虹闪烁,逛夜市的人摩肩接踵、熙熙攘攘,一派繁荣景象。

1829 年,为扩展区域,蒙得维的亚计划在老城区以外拓展出一片新城区。当时在 7 月 18 日大道、荣德乌街(Rondeau)和古蒂埃雷斯街(Gutiérrez Ruiz)的交叉口留出一块公共区域准备建造一座广场,但广场一直没有成型。1839 年,在奥里维和里维拉将军对峙的红白大战背景下,里维拉在 11 月份的卡冈查战役中以少胜多,战胜了阿根廷的罗萨斯,将其军队逐出乌拉圭。为纪念这次战役,1840 年 2 月的一条法令将这个广场命名为卡冈查广场(Plaza de Cagancha),又称自由广场(Plaza de Libertad)。后来因乌拉圭政局的变动,卡冈查广场曾被改名为"5 月 25 日"(25 Mayo),不过不久后又改回了原名。

卡冈查广场与我们想象中的宽阔宏伟的广场相差甚远,它面积很小,中央矗立着一座自由纪念碑(Columna de la Paz),是为了纪念《联合协议》的签订而设置于此。碑顶雕刻的是一位手持火炬的自由女神像。这座不甚起眼的广场周围有很多重要部门,例如:皮里亚宫(Palacio Piria),国家最高法院所在地;杰克逊宫(Palacio Jackson),旧时蒙得维的亚市政厅和行政委员会所在地。

沿着 7 月 18 日大道继续向前,会路过蒙得维的亚市政厅(Palacio Municipal)。1941 年落成的市政厅虽然没有按照最初设计成为蒙得维的亚第一高建筑(现在是第二高建筑,仅次于萨尔沃宫),但它位于一座小山上,视野开阔。在市政厅内有一处观景平台对外开放,参观者可以在此俯瞰整个蒙得维的亚。市政厅不远处坐落着一座青铜雕像,一位勇士手持长矛骑马驰骋——这是 1927 年落成的高乔人纪念碑(Monumento al Gaucho)。这位勇士是一位高乔战士,而他手中的长矛是他惯用的武器。高乔人纪念碑是为了缅怀那些为乌拉圭独立而奋斗甚至牺牲的无名英雄的。

高乔人并不是美洲新大陆发现之前这片土地上的土著居民,而是 16 世纪殖民初期西班牙人和南美土著印第安人的混血儿。那些欧洲血统的生身父亲在高乔人出生时几乎均已不见踪影,高乔人只有印第安血统的淳朴、贫穷的母亲,母亲抱着襁褓中的混血儿蜷缩在阴暗的小屋内暗自啜泣。西班牙语对高乔人起初称呼的"Gauderio"是流浪汉的意思,后来才演变为"Gaucho",即高乔人。"高乔"这个词在 18 世纪后期才开始被广泛使用。高乔人是马背上的勇士,他们英勇、强悍、豪放、自由自在、信马由缰、四处为家,在潘帕斯草原肆意驰骋。在 19 世纪拉丁美洲解放运动中,很多高乔人追随乌拉圭民族英雄阿蒂加斯的行动,善于骑马、骁勇善战的他们为乌拉圭的独立做出了突出贡献。

现在的高乔人主要分布在南美洲的阿根廷、乌拉圭、巴拉圭、巴西南部的日奥格兰德省、智利南部、玻利维亚的塔里哈

(Tarija)等地区。在乌拉圭、阿根廷、巴拉圭等国的文化中,高乔人已经成为民族精神的象征。围绕这一形象,出现了高乔文学,其主题是谴责社会不公。阿根廷作家何塞·埃尔南德斯(José Hernández)创作的《高乔人马丁·菲耶罗》(*El gaucho Martín Fierro*)(1872)和《马丁·菲耶罗的回归》(*La vuelta de Martín Fierro*)(1879)代表了这类文学作品的最高水平。

　　然而乌拉圭高乔人的后代在今天仍生活在贫困的境遇中。他们大多生活在乌拉圭北部及与巴西接壤的最贫困的草原地带,以农牧业为主。2007 年,乌拉圭上映了一部电影——《教皇的洗手间》(*El baño del Papa*),讲述的正是乌拉圭北部贫困地区高乔人后裔荒唐又心酸的际遇。影片中,乌拉圭北部与巴西接壤的小镇梅洛(Melo)即将迎来教皇保罗二世的到访。为了迎接教皇及随之而来涌入小镇的大量游客,整个小镇的人都在欣喜与凄惶中热火朝天地准备食品、纪念品、旗帜等货物用来出售,他们认为这次教皇的到访将会给他们带来一笔可观的收入。故事的主人公也投入其中,本不富裕的他们举家借债在家门口建造了一间公共厕所准备提供给游客使用。但最后教皇只匆匆露一面就离开了,游客也没有想象中蜂拥而至。一家人为此债台高筑,陷入新的恐慌之中……

　　继续沿 7 月 18 日大道向前,会经过乌拉圭国家图书馆(Biblioteca Nacional de Uruguay),这是乌拉圭规模最大、历史最悠久的图书馆。1815 年,建立一个公共图书馆的提议由阿蒂加斯批准通过;次年乌拉圭历史上第一个图书馆建成了,位于现今的萨瓦拉公园,当时的藏书量有 5000 册;到 1964 年,图书馆才正式搬迁到现在的地址。现今,乌拉圭国家图书馆藏书已超过 85 万册。国家图书馆前面就是乌拉圭共和国大学的法律系校区。共和国大学是乌拉圭规模最大的大学,始建于 1849

年,现在共有 15 个专业。

　　当我们看到耸立在路中央的一座方尖碑时,3000 米长的 7 月 18 日大道也就到此为止了。这座方尖碑是宪法方尖碑(Obelisco a los Constituyentes),为了纪念乌拉圭第一部宪法颁布 100 周年,于 1938 年建造。近半个世纪后的 1983 年 11 月 27 日,为反抗乌拉圭独裁统治,40 万人聚集在宪法方尖碑前高呼口号:"为了民主和没有排斥的乌拉圭。"这座 40 米高的方尖碑见证了乌拉圭走向独立、民主的艰难历程。

　　7 月 18 日大道的尽头是巴特列公园,这个名字来源于乌拉圭总统何塞·巴特列-奥多涅斯。巴特列公园占地面积很大,绿树成荫,动植物物种繁多,也被称为蒙得维的亚之肺。里面有多个体育场、田径场、自行车运动场,其中最出名的要数世纪球场(Estadio Centenario Football)。1983 年,国际足联宣布其为"世界足球历史建筑物",这是世界上唯一拥有这一头衔的建筑。世纪球场是乌拉圭在 1930 年为庆祝独立 100 周年申请举办第一届世界杯足球赛时建造的球场,现在最多可容纳 60235 人。除了举办过 1930 年世界杯外,这里还曾是 1942 年南美足球锦标赛、1956 年南美足球锦标赛、1967 年南美足球锦标赛、1995 年美洲国家杯比赛的场地。上述比赛中,东道主乌拉圭均获得了冠军。现在这里也是乌拉圭国家队进行主场比赛的球场。世纪球场中有一座高高的、引人注目的致敬塔(Torre de los Homenajes),位于奥林匹克看台中间,高 100 米,可用作观景台观看球场全景及城市风景。奥林匹克看台下面还有一座足球博物馆(Museo del Fútbol Uruguayo),里面收藏了各种球衣、奖杯、照片等展品,展示了乌拉圭足球发展的辉煌历史。

蒙得维的亚世纪球场（杨光摄）

距首都蒙得维的亚 100 多公里处，坐落着一座沿海小城——埃斯特角城(Punta del Este)，直译过来是"东边的角"，所以这里也被译作东角市。埃斯特角城隶属于乌拉圭南部省份马尔多纳多，是乌拉圭最南端探向拉普拉塔河的一个角①，也是乌拉圭著名的度假、疗养、旅游胜地，每年都会涌入大量游客。受疫情影响，2020 年乌拉圭 1 月份(南美洲夏季，乌拉圭旅游旺季)共接待游客 444509 人次，其中涌入埃斯特角城的就有 136550 人次，而首都蒙得维的亚仅接待 74007 人次。

作为海滨城市，埃斯特角城的特色之一当然是它辽阔的海岸线。这里的沙滩洁白平缓，沙质细密光滑，海水湛蓝，阳光和煦，海风湿润柔和，吸引着世界各地的游客前来观光。埃斯特角城其实就是探入广袤海域的一个角，角的左半部分是

---

① 根据 1973 年阿根廷和乌拉圭之间的《拉普拉塔河条约》及国际水文组织的认定，埃斯特角所临水域被认定为拉普拉塔河。

西侧的曼萨沙滩(Playa Mansa),右半部分是东侧的布拉瓦沙滩(Playa Brava)。mansa 在西班牙语里是温和、温顺的意思,而 brava 则有粗暴、汹涌之意,这两处沙滩的风景一如其名字所表达的含义。曼萨沙滩风浪较小,对在沙滩上散步、晒太阳的人来说再好不过;布拉瓦沙滩则波涛汹涌,更加适合冲浪等海上运动。

1516 年 2 月 2 日,新大陆发现之初,西班牙探险家胡安·迪亚斯·德·索利斯第一次踏上了南美大陆的拉普拉塔河地区,登陆地点就是现在乌拉圭埃斯特角城所在区域。由于 2 月 2 日是天主教中的坎德拉里亚圣母日(Nuestra Señora de Candelaria),迪亚斯就把这片沿海区域命名为坎德拉里亚圣母。现在埃斯特角城最重要的教堂就叫作坎德拉里亚圣母教堂(Iglesia de la Candelaria),教堂中有一幅坎德拉里亚圣母的画像。埃斯特角港口(Puerto de Punta del Este)也被称作坎德拉里亚圣母港(Puerto Nuestra Señora de la Candelaria)。2016 年,为纪念迪亚斯登陆 500 周年,在曼萨沙滩上举行了盛大的登陆重演纪念活动,再现了当时的情景。值得一提的是,出现在乌拉圭各种旅游宣传册、纪念明信片上的五指雕塑(Los Dedos)就位于布拉瓦沙滩上,巨大、米白色的五根手指一部分露出沙面,另一部分被掩埋在沙土下。自 1982 年建成之日起,这座别具风格的雕塑就成为埃斯特角城甚至是乌拉圭的标志性景观,之后在智利的阿塔卡马沙漠、西班牙的马德里和意大利的威尼斯都出现了类似的景观。

埃斯特角城五指雕塑（杨光摄）

说到比弗利山庄(Beverly Hills)，大家马上会联想到位于美国洛杉矶的全世界最贵的住宅区。其实在埃斯特角城也有一座比弗利山庄，其性质与美国比弗利山庄别无二致，也被称为别墅区。别墅区位于城市中心区域，与碧海仅隔一条公路，许多高级别墅以及式样新奇的房屋掩映在绿树浓荫中，其中不乏政要的住宅，如美国前总统老布什(George H. W. Bush)和阿根廷前总统梅内姆(Carlos Menem)的私宅。阿根廷和巴西的社会名流常乘坐私人飞机直飞埃斯特角城。这里物价昂贵，高档的四星级、五星级酒店价格是乌拉圭首都的酒店价格的2倍。高物价使得这里成了拉美富人们的专属乐园，他们可以在此享受安静的假期。

与弥漫着怀旧、古朴、松弛气息的首都蒙得维的亚相比，埃斯特角城似乎更符合我们印象中的"大城市"形象：除了广阔的海岸线，它还有别墅区的豪宅、滨海大道内侧鳞次栉比的高级餐厅以及富丽堂皇的酒店群……拉美明星和富人频频出入于此，街头满是挂着阿根廷牌照的名车。这些都是现代社会金钱、地位、顶级消费的标识，却又与乌拉圭整体平凡、淡定的风格大相径庭。摄影师余熙在自己的书中就把埃斯特角城喻作一枚"上帝扔错地方的棋子"，别墅区和滨海大道的张扬与蒙得维的亚充满历史感的肃穆给人带来截然不同的感受。

埃斯特角城的"白房子"（杨光摄）

　　沿曼萨沙滩一直向西，就会看到耸立在海边悬崖之上的一群外形"叛逆"的白房子。这一建筑群的名字直译过来是"人民之家"（Casapueblo），但因其通体雪白，过于亮眼突出，"白房子"的称呼似乎更加生动形象。"白房子"建筑群是乌拉圭艺术家、诗人卡洛斯·巴艾斯·维拉罗（Carlos Páez Vilaró）的私人财产，始建于1958年，历时36年才修建完成。起初这里仅仅是这位艺术家的工作室，现在已经成为一家提供各种服务的宾馆，有餐厅、博物馆、展览厅等。

　　"白房子"最吸引人的地方是它奇特的造型，可以说这是一座"活的建筑",在它的内部几乎看不到直线条,目光所及之处都是弯曲灵动的曲线,游览时仿佛在一座迷宫中穿梭。这种建筑风格使我们很难不联想到西班牙建筑天才高迪(Gaudi),他曾说过:"直线属于人类,曲线属于上帝。"高迪的代表性作品圣家教堂(Sagrada Familia)、米拉之家(Casa Milá)、巴特略之家(Casa Batlló)等均是由充满生命力的曲线构成,这些独具风格的建筑使巴塞罗那成为一座流动的城市。游走于灵动的"白房子"内外,不论从哪个角度观赏,都能找到有趣的景致,放眼望去,碧海蓝天与白色屋舍交相呼应,趣味盎然。游览"白房子"的游客绝对不能错过的是这里的落日。黄昏时分,所有人都会聚集在露台上观赏大西洋上的落日余晖,同时广播里会播放巴艾斯创作的诗歌。

巴艾斯的儿子卡洛斯·米埃尔·巴艾斯·罗德里格斯(Carlos Miguel Páez Rodríguez)是震惊世界的安第斯空难的幸存者之一。1972年10月13日,一架从蒙得维的亚飞往智利圣地亚哥的航班在安第斯山脉失事,之后乌拉圭、智利、阿根廷三国联合开展救援,但在10月21日,也就是救援进行了142个小时30分钟后,搜寻队认为已经没有人员生还的希望,便停止了搜寻。这个绝望的消息经由飞机上一部小型晶体管收音机传送到了幸存者耳中。他们该有多么无助与绝望,在白雪皑皑的严寒环境中仿佛被抛弃。但他们并没有放弃,而是利用飞机残骸和仅存的物品积极自救。12月12日,空难后的第61天,几位幸存者决定不能坐以待毙,其中2个人主动出发寻求生路。经过9天的艰难跋涉,他们走出高山雪线,进入河谷地带,12月20日,终于看到了一个人影。3天后,在空难发生的第72天(12月23日),救援飞机救出了16名幸存者。巴艾斯为此撰写了一本书《父子之间》(*Entre mi hijo y yo, la Luna*),讲述这位父亲在空难后 72 天中的心路历程。这本书一直摆在"白房子"博物馆里的展厅中,销售多年仍经久不衰。

沿埃斯特角港湾漫步,除了喧嚣的餐厅、岸边三三两两出售海产品的摊位外,在水中游弋的成群海狮、嬉戏逐食的海鸥也是这片区域的景致,或者说它们是这里的主人。海狮们似乎并不怕人。

港口这么多的海狮来自沿埃斯特角城东南 8 公里处的海狮岛(Isla de lobos),这里是南美洲最人的海狮栖息地,共有 20 多万头海狮。岛上还有一座世界第三高、南美最高的灯塔。这个仅有 41 公顷的小岛是胡安·迪亚斯·德·索利斯在 1516 年发现的,当时他将其命名为圣赛巴斯蒂安加迪斯(San Sebastián de Cádiz)。据说当时一些船员登岛获取淡水并捕杀了 66 只海狮充当他们返回西班牙途中唯一的食物,并将海狮皮毛在西班牙南部城市塞维利亚的集市上卖掉了。1525 年,巴斯蒂安·卡伯特才将其命名为海狮岛。1789 年,为了捕捞殖民地巴塔克尼亚(Patagoniaata)沿海地区的鲸类和海狮,西班牙设立了皇家海洋公司(Real Compañía Marítima),海狮岛因其丰富的动物资源自然受到了当时殖民者的重视。1792 年,皇家海洋公司开始对这里进行开发,海狮的肉和皮毛受到欧洲市场欢迎,猎取海狮也成了那一时期这里最重要的活动之一。

直到 1949 年,猎杀海狮在乌拉圭才被彻底禁止,政府开始对其进行保护。也正是从这个时候起,这里的海狮数量开始大规模上升,但海狮岛仍然被作为海狮的聚居地进行开发。后来为保护生态环境,自 1991 年起禁止对该岛进行开发。现在这里是海狮的天堂,没有人类活动痕迹,游客也不得在岛上过夜,但许多旅游公司提供与海狮岛相关的旅游服务,不仅包括岛上游览,还有游泳和潜水的项目,游客可以亲近海狮群甚至触摸它们，与大自然来一次亲密接触。

乌拉圭人口密度非常低，大约只有 18.89 人/平方公里，位居世界第 198 位。较少的人口及较少的城市占地面积使得自然景观特别多，因此乌拉圭一直被认为是生态最多样化的国家之一，也是世界上最"绿"的国家之一，不管是动物资源还是植物资源都非常丰富。当西班牙殖民者第一次踏上这片土地时，对这里奔跑着如此多的野生动物感到惊奇。参加过乌拉圭独立战争的意大利红衫党领导人朱塞佩·加里波第就曾被这里老虎、鸵鸟遍地的景象震惊，他因此把乌拉圭称作"上天眷顾的国家"；然而随着人类文明的发展、城市化工业化进程的加快，许多野生动物已经消失。现在乌拉圭本土的代表性动物有犰狳、灰狐狸、南美浣熊、鹿、鬃狼、水豚、美洲鸵鸟、面包师鸟等，其中许多动物也濒临灭绝。在人类活动如此频繁、人类活动对自然影响如此之大的今天，埃斯特角城海狮岛的存在实属不易，人与动物和谐相处的景象也是环保意识逐渐崛起，人们经过一步步努力才最终取得的成果。

乌拉圭是世界上距离中国最遥远的国家之一，大部分国人对它了解甚少，只是略知一二，这个一二的一部分可能来自足球，另一部分则来自一个名词——乌拉圭回合。1986 年 9 月，关贸总协定部长级会议召开，决定举行一场旨在全面改革多边贸易体制的新一轮谈判，这次谈判的第一次会议正是在乌拉圭埃斯特角城举行的，故命名为"乌拉圭回合"谈判。这次谈判历时 7 年半之久，主要涉及的领域有基础电信、金融服务、农业和服务业，参加国由最初的 103 个增加到 125 个，最终签署了长达 550 页的《乌拉圭回合最终文件》（*Acta Fianl Ronda Uruguay*），于 1995 年 1 月 1 日正式生效。

这次谈判对世界经济发展的影响实在是太大了，尽管"乌拉圭回合"谈判所达成的协议还存在着很多缺陷,但它仍不失为历史上伟大的贸易协议,它是战后对贸易保护主义的一次有力遏制,深刻地改变国际贸易,推动贸易自由化向广度和深度发展,它最终降低大多数消费品的价格,有利于促进世界经济资源的合理配置。世贸组织自1995年1月1日成立以来,也一直致力于继续乌拉圭回合谈判的未尽议题。①

　　这场对全世界经济发展产生巨大影响的会议就在埃斯特角城的圣拉斐尔酒店(Hotel San Rafael)举行(2019年该酒店已被拆除)。我国国际文化交流活动家余熙在乌拉圭外交部长的邀请下对乌拉圭进行访问时曾专程前往圣拉斐尔酒店,想要一睹"历史名迹",感受昔日激烈的争执。但所闻所见似乎让人大失所望,他这样讲述自己的感受:"依我这个中国人的惯性思维,眼下的这幢楼,似乎过于寂寥和冷清。楼内灯光幽暗,阒然无声,除了偶有服务人员闪动,再难见人影。在圣拉斐尔酒店的里里外外,完全找不到与'乌拉圭回合'有关的任何概念性文字与图片。须知这座褐红色的酒店,曾经掀起过多么巨大的风暴,并且深刻地改变着全球,包括中国的经济大格局。它那显赫的国际影响力,与现在楼宇内处处弥漫着的平淡和宁静形成强烈反差。"②其实除了"乌拉圭回合"谈判,圣拉斐尔酒店还召开过其他重要的国际性会议,如1962年冷战期间的第八次外交部长会议、美洲国家组织会议、1967年的美国总统会议等。余熙在《约会乌拉圭:"南美瑞士"的闲适故事》一书中为圣拉斐尔酒店这一节取的名字就是"拒染铜臭的世界热点酒店"。历

---

　　① 刘厚俊、问群:《乌拉圭回合协议对世界和中国经济的影响》,《江苏社会科学》1995年第2期,第9—12页.
　　② 余熙:《约会乌拉圭:"南美瑞士"的闲适故事》,世界知识出版社2011年版,第93页。

经风云变幻仍能处事不惊,这种淡定豁达也许就是圣拉斐尔酒店,同时也是乌拉圭人的处世态度。

　　除了首都蒙得维的亚和海滨度假胜地埃斯特角城外,乌拉圭著名旅游地点还有科洛尼亚。科洛尼亚是殖民时期建立的较早据点之一,遭到了西班牙和葡萄牙两国的轮番争夺。1995年,联合国教科文组织宣布科洛尼亚历史区为世界文化遗产,这是乌拉圭仅有的两项世界遗产之一。另一处是弗莱本托斯(Fray Bentos)文化工业景区,曾经的肉类加工厂,现在是一处博物馆。还有一处是阿特兰蒂达教堂(Iglesia de Cristo Obrero),该教堂于2021年也入选了世界文化和自然遗产名录。科洛尼亚城内保存了完美融合葡萄牙、西班牙和后殖民主义风格的各式建筑,同时,它也见证了殖民时期西、葡两国,甚至是欧洲各国在美洲新大陆你争我夺的疯狂历史。

一方水土养一方人——当地人的吃喝玩乐

　　根据 2023 年的统计,乌拉圭人口为 344.42 万人,接近我国浙江省杭州市人口的 1/3(根据 2023 年人口抽样调查,杭州市常住人口为 1252.2 万人)。曾居住在乌拉圭东岸地区的土著居民出于各种原因现在几乎所剩无几,现在乌拉圭人主要是欧洲人(其中以西班牙人和意大利人为主)的后裔,大约占总人口的 90%,此外还有少部分混血人口、黑人及亚洲人。乌拉圭的城市化水平非常高,大约有 93.8% 的人居住在城市,其中首都蒙得维的亚市聚集了全国 1/3 的人口,人口密度达到了 2510 人/平方公里,而全国的平均人口密度仅有 18.89 人/平方公里。

　　2021 年,乌拉圭人均国内生产总值为 23869 美元。按照世界银行 2015 年的标准,乌拉圭现在属于高收入国家,从这个角度来讲,可以说乌拉圭的人均收入较高,"南美瑞士"的称号实至名归。此外,根据 2017 年世界经济论坛(Foro Económico Mundial)的统计,乌拉圭是拉美地区公平指数最高的地区,同时,在人类发展指数及人类机会指数等各种衡量社会福利的标准中,它都名列前茅。

　　根据世界银行的数据,2020 年乌拉圭人的平均寿命是 78 岁,其中女性是 82 岁,男性是 75 岁。但现在大部分发达国家普遍具有的人口老龄化及低生育率问题在乌拉圭也日益突出。目前它是拉美地区老龄化程度仅次于古巴的国家,20% 的乌拉圭人年龄大于 60 岁,也就是说每 5 个乌拉圭人里面就有 1 个大于 60 岁,在这 20％的人口中,85 岁及以上的人占了 10.1％。与此同时,国内人口增长非常缓慢,2004—2011 年,乌拉圭人口只增长了 0.19％;2019 年的平均出生率为 13.5,低于邻国阿根廷(16.64)和巴西(16.1),和部分欧洲国家持平。

人口老龄化的影响之一是社会需要给予老年人更多的护理、关照及退休金、养老金。根据拉丁美洲和加勒比经济委员会(ECLAC)及世界银行(WB)的数据,乌拉圭的公共社会支出约占国内生产总值(GDP)的 25％,占公共支出总额的 75％。75％的社会保障支出用于 60 岁以上的人,主要是退休金和养老金支付;与此同时,只有 5％的社会保障支出用于 18 岁以下的人群。

在全球一体化格局影响下的今天,从衣着、服饰,甚至是谈吐、行为举止来判断一个人所属的国家和地区已经不是一件容易的事情了,或者说我们的衣着、服饰、行为,甚至语言习惯在他文化长时间的影响下发生变化并不是一件难事,但饮食习惯、地域味觉作为一个国家或地区千百年历史沉淀下来的、天生的、本能的文化元素是非常独特而不易改变的。

由于历史原因,乌拉圭的饮食风格融合了游牧民族及西欧(特别是西班牙和意大利)的某些特色,展现出饮食文化融合的特点。这就是这里会有意大利面、比萨、土豆饼、海鲜饭等地中海风情的美食,同时也有传统的烤肉、马黛茶等充满地域特色的美食的原因。但是如果必须选出一种美食来代表乌拉圭的话,烤肉当之无愧。由于地理位置、自然环境的优势,乌拉圭牛羊遍野。发达的畜牧业使得这里成为一个肉食国家,各种肉类、香肠、火腿、熏肉等在每家每户的餐桌上高频出现。牛羊遍野带来的美食不仅仅是肉类,黄油、奶油、乳酪、酸奶、牛奶、奶粉等在乌拉圭人的食物烹饪中也扮演着重要角色,在乌拉圭人的餐桌上同样占据着重要的位置。

2010年上海世博会上,乌拉圭国家馆内的显示屏上播放着以下数据:"乌拉圭一年的牛肉产量为60万吨,人均年消耗牛肉52公斤;牛肉产量足够8400万中国人吃一年。"根据乌拉圭国家肉类研究所(Instituto Nacional de Carnes)的数据,2020年乌拉圭人人均消费肉类85.6公斤,这还是在疫情影响下的数字,仅比2019年减少了1.3公斤。其中,牛肉45.7公斤、鸡肉20.8公斤、猪肉16.6公斤、羊肉2.5公斤,可以看出牛肉消费量远高于其他肉类消费量。

乌拉圭人是毫无争议的食肉民族,当地受欢迎的特色佳肴也大多为肉食品,如烧烤、香肠、牛肉汉堡、热狗、炸肉排等。其中牛肉、羊肉的烧烤,在乌拉圭统称阿萨多(asado),可以说是乌拉圭人最喜欢的烹调肉类的方式。如果一位外国游客到达乌拉圭但是没有品尝烤肉的话,他将会错过这个国家饮食文化中最重要的一部分。当地人在嫩牛肉中加入盐和大蒜等调料,搁置在铁格烤架上慢慢炙烤,也有些是用木棍串起来烤炙而成。这些烤肉名称、种类繁多,比较高级的是牛里脊的烧烤(asado de Lomo)和肋骨肉的烧烤(asado de Tira)。吃烤肉时一般搭配的是加气的苏打汽水或矿泉水,蘸料是当地的奇米丘利(chimichurri)。这种蘸料起源于乌拉圭,但在巴拉圭和阿根廷也很常见,由欧芹、牛至、大蒜、盐和醋调制而成,有一点辣。当地人在制作沙拉,腌制海鲜、鸡肉时也会用奇米丘利,有时甚至直接将它涂抹在面包上食用。在网上流传的乌拉圭烤肉食谱中,奇米丘利的制作方式多种多样,但总体来说,只需要将一小把欧芹、几瓣蒜、洋葱捣碎混合,加入一点盐、一点水和橄榄油,就可以制成。

乌拉圭烧烤架上烤的绝大部分都是肉,有时会烤各种香肠和动物内脏,但很少会出现蔬菜类食品。值得一提的是其中一种叫乔利佐(chorizo)的红色香肠,因为它来源于西班牙,有时也被直接称为西班牙香肠。在乌拉圭和阿根廷等其他拉美国家,乔利佐香肠被称为乔利佐-格里奥约(chorizo criollo)或者西班牙乔利佐(chorizo español),其他一些香肠种类也被囊括到乔利佐的范畴内。除了用于烧烤,乔利佐还是另一种美食——乔利潘(choripán)的原料,乔利潘其实就是一种三明治,两片面包中间夹一根烤制的乔利佐,这也是它名字的由来。乔利潘因其方便、美味在乌拉圭、阿根廷、秘鲁和智利都非常受欢迎,乌拉圭街头随处可见的食品小推车上,最为火爆的便是乔利潘。此外,乌拉圭还有一种本土的三明治式简单美食——其维多(chivito),这其实与我们所熟悉的汉堡包非常相似。它有非常多的种类,通常是在两片面包中夹入牛里脊、培根、火腿、鸡蛋,再加上蛋黄酱、橄榄、奶酪、番茄等配料制成,但它所用的面包并不是我国常见的软面包,而是法棍式的略微发硬的面包。虽然与我们印象中的汉堡没有什么不同,但其维多在乌拉圭非常受欢迎,网络上几乎每一次"乌拉圭特色美食盘点"中都会出现它的身影。

在蒙得维的亚老城区的港口市场,随处可见各种烤肉。这里的烤肉餐厅声名远扬,能为全球各国的旅游者提供最好的乌拉圭烤肉。

除了烤肉餐厅外,乌拉圭人经常聚在一起,自己动手烤肉、聊天、玩纸牌,对于他们来说,烧烤已经不单单是一种美食,吃烧烤成为周末、节假日与朋友、家人聚会和休闲的一个机会。笔者在乌拉圭最大的连锁超市迪斯科(Disco)的官方网站上查询了肉类的价格,牛肉价格大概是 350 比索/公斤(牛臀肉 369

比索/公斤,牛里脊肉 349 比索/公斤,牛肉馅 359 比索/公斤。
2023 年 6 月 12 日当日,乌拉圭比索与人民币兑换比例为
1∶0.17),鸡肉和猪肉价格稍便宜一些。乔利佐香肠的价格在
400—500 比索/公斤不等,以乌拉圭人均 5100 美元/月的工资
来看,肉类的价格并不算太高。

　　与对肉类的大量摄入相比,乌拉圭人似乎不太爱吃水果和
蔬菜。联合国粮食及农业组织认为,保持健康生活,每天应至
少摄入 400 克的蔬菜和水果。但是根据 2019 年的数据,乌拉
圭人平均每天蔬菜水果的摄入量仅仅为 267 克,只达到上述最
低摄入量的大约 66.8%。乌拉圭人的肥胖率及非传染性疾病
率在拉丁美洲国家中都是非常高的。2017 年的一项报告显示,
乌拉圭大约有 37.2% 的成年人超重,27.6% 的成年人属于肥
胖;在 15—24 岁的青少年人群中,超重和肥胖的比例达到了
27.5% 和 10.2%,这与他们的饮食习惯不无关系。乌拉圭人显
然已经意识到了这个问题,开展了一系列活动希望能够改变民
众的膳食结构。如 2017 年开始,政府主导了一项名叫“智慧菜
篮子”(Ganasta Inteligente)的推广运动,通过各种渠道告知民
众当季蔬菜水果产品及其烹调、食用方法,以期提高民众的蔬
菜水果消费量。

　　虽然乌拉圭人的肉类摄入量大,蔬菜水果摄入量远远不
够,饮食结构不够平衡,但他们的平均寿命仍能达到 78 岁,也
许这与乌拉圭人随时随地啜饮的马黛茶(mate)有关。马黛茶
富含 196 种活性元素、11 种多酚类物质,以及人体所需的多种
氨基酸、不饱和脂肪酸、维生素,并独有绿源酸、芸香甙等营养
成分,长期饮用可改善人体内环境,提升血液品质,全面保持机
体营养平衡,是人类迄今为止发现的营养保健功效最全面的单
科植物。马黛茶的提神效果对于人体的新陈代谢来说非常有

效。安第斯马黛茶被认为是治疗高山反应最好的药品。从专业的医学角度来看,马黛茶含有丰富的多酚、皂苷、马黛因、生物碱、维生素、矿物质等生物活性成分,临床对多种疾病具有防治作用。

但是一说起马黛茶,许多人的第一反应是阿根廷,因为马黛茶被称作"阿根廷的国宝"。2013 年 8 月,阿根廷官方公报还颁布了法律,将马黛茶正式定为国饮,成为此后举办国内、国际活动的指定饮品。但实际上,马黛茶对乌拉圭人的重要性,丝毫不逊色于邻国阿根廷。在饮食方面,除了烤肉,乌拉圭人日常生活中必不可少的就是马黛茶,可以说已经达到了痴迷的程度。乌拉圭是世界上人均消费马黛茶最多的国家,每年人均消费达 8 公斤。2018 年俄罗斯世界杯期间,乌拉圭国家队运送了180 公斤马黛茶到俄罗斯,也就是说平均每天要消耗掉 6 公斤。2022 年卡塔尔世界杯期间,奥莱报(Olé)对乌拉圭国家队到达卡塔尔进行报道的标题为"西装和马黛茶:乌拉圭到达卡塔尔",文中对球员们的描述是"简约的西装、领带及不可或缺的马黛茶"。这足以看出马黛茶在乌拉圭受欢迎的程度。在蒙得维的亚,不论是在餐厅还是户外的街头、公交车、广场、沙滩上,都会看到随身携带保温杯,或手中端一个小杯子的人,随时随地啜饮马黛茶已经成为乌拉圭人的一种习惯。

其实马黛茶并非真正意义上的茶,之所以被称为茶是因为它与我们概念中的茶有着类似的冲泡饮用方式。茶树属于山茶科山茶属的灌木,叶革质;而马黛茶树,学名巴拉圭冬青,属于冬青科冬青属植物。马黛茶树是生长在巴拉那河流域、巴拉圭及乌拉圭河上游的一种多年生木本植物,高度一般有12—16 米,野生的可达 20 米。马黛茶叶经晒干、切割、研磨后成为可以饮用的马黛茶,由于叶子中含有单宁酸,略微发

苦,因此有些人喜欢在其中加糖或者果汁、水果等增加甜度,
但大部分人还是习惯于直接饮用。早在西班牙殖民者入侵拉
丁美洲之前,当地土著就开始饮用马黛茶了,到目前,马黛茶
在南美洲的饮用历史已经有 400 多年。最早发现并开始饮用
马黛茶的是主要分布在现今巴拉圭领土内的瓜拉尼部落,"基
于当时瓜拉尼部落发达的科技,他们可以从神秘的雨林中发
现这生长在树尖上的'珍宝'并发明了制作方法及步骤,即采
摘、研磨、烘干、装罐包装,而这些步骤保存至今都没有发生很
大的改变"①。之后马黛茶被用作各个部落之间以物易物的
重要物资,甚至被赋予神秘色彩用作宗教仪式上的供品。乌
拉圭境内最早的原住民查鲁亚人也会饮用马黛茶,但他们的
饮茶方式还未定型,当时是用整片茶叶泡水的。西班牙人刚
到新大陆时对马黛茶的苦涩味道很排斥,但后来也逐渐习惯
了这种当地人常饮的茶品,并对其产生了兴趣,需求量也越来
越大。后来殖民者对土著进行奴役,迫使他们从事农业生产
活动,其中马黛茶树的种植占了很大一部分。到 19 世纪初,
马黛茶制品已经出口到拉普拉塔河流域各国及秘鲁、智利等
国。现在,马黛茶是拉丁美洲尤其是拉普拉塔河流域极其普
遍并深受欢迎的日常饮品。

　　现在在乌拉圭街头看到的人们手中拿的小茶杯就是专门
饮用马黛茶的茶具。传统的马黛茶茶具其实是由葫芦横切后
留下的下半部分制成的。当地最早饮用马黛茶的印第安人习
惯将部落的图腾、崇拜的神灵雕刻在葫芦外壳上。后来欧洲人
开始追求更加高档的茶具,匠人们开始利用白银质地比较柔

---

　　①　马慧琳:《马黛茶文化习俗与传播研究》,青岛大学硕士学位论
文,2018 年。

软、延展性强的物理特性,用白银依照葫芦的外形手工锤揲成壶体,并在壶体表面錾刻使用者的姓名、族徽或是家族荣誉,再配以各种造型的底托,便成就了一只独一无二的私人定制茶壶。虽然今天的大批藏家热衷收藏那些罕见的老式马黛茶壶,特别是年代久远的银质茶壶,但在饮用马黛茶时,人们仍旧乐于使用葫芦质地的茶壶,因为他们认为只有这样的茶壶才能冲泡出马黛茶最本源的味道。① 除茶壶外,饮用马黛茶还需要有一根吸管,因为马黛茶是碎末状的,吸管的一端往往带有一个过滤网。早期的吸管是截取一段芦苇较细的关节部位,在底部缠绕一些马鬃或是捆绑数层质地疏松的麻布,起到过滤作用。如今,经过改良后的吸管有了更为美观的设计,这种名叫Bombilla 的吸管,嘴部呈扁平状,底部过滤装置为布满小孔的

啜饮马黛茶的乌拉圭人(杨光摄)

---

① 杨志伟:《中国国家博物馆藏南美马黛茶壶研究》,《艺术品》2019年第 3 期,第 52—57 页。

扁圆或勺状。① 乌拉圭马黛茶爱好者出门时往往会携带饮茶四件套——保温壶、葫芦茶杯、吸管及一包马黛茶，因此在街上随处可见腋下夹着保温壶、手拿茶杯的行人，他们随时倒水冲泡，随时饮用。

与我国的茶一样，马黛茶已经不仅仅是一种饮品，而是乌拉圭的一张文化名片。现在在乌拉圭不仅有各种饮茶礼仪、茶叶谚语、俗语等，还有一个马黛茶节。这个节日与纪念高乔人的庆典一起进行，全称为马黛茶节暨高乔日（La Fiesta Nacional del Mate y Día del Gaucho）。每年的 2 月或 3 月，在乌拉圭南部圣何塞省会举行为期 3 天的庆祝活动。其间人们载歌载舞，有篝火、马上表演、街区游行等活动，还会有各大艺术团体的歌唱表演。这个节日吸引了大量游客前往。值得一提的是，在阿根廷同样也有一个国家马黛茶节（Fiesta Nacional del Mate），于每年 1 月或 2 月在恩特雷里奥斯省的巴拉那市举行。

与食物明显的地域印记不同，平时在各城市大街小巷看到的乌拉圭人的衣着打扮与我们并没有太大的不同，我们所熟悉的国际服装品牌在乌拉圭各大购物中心也随处可见。但是乌拉圭有非常多的狂欢和庆祝活动，在活动期间我们就会看到很多具有当地特色的传统服饰。现在我们所说的乌拉圭传统服饰一般指的是高乔人的穿着、打扮及饰品等。它主要包括：一件披风，或直接音译为彭丘（poncho）；一把长刀（facón）；一条用于鞭打马匹，有时也被用作武器的鞭子（rebenque）（由一个长约 50 厘米的实木手柄和一条同样长度、宽约 5 厘米的生皮绳

---

① 杨志伟：《中国国家博物馆藏南美马黛茶壶研究》，《艺术品》2019年第 3 期，第 52—57 页。

组成);宽松的灯笼裤(bombacha de campo);羊毛腰带和装饰有硬币的皮带;系在腰上的主要用于保暖御寒的齐利帕(chiripá);靴子;宽檐帽。

　　与男性相比,女性一般不穿裤子而是穿一条长裙,上身着衬衫和外套。骑马时她们一般会使用女士马鞍,但是如果没有裙子的话,她们也会穿灯笼裤。同样,女性也使用彭丘,但更常见的是由欧洲传入本国的披肩,这种披肩是一块长方形羊毛织物,边缘饰有流苏。

　　由于高乔人的活动范围并不局限于现在意义上的国家边界之内,而是遍及潘帕斯草原、格兰查科(Gran Chaco)和巴塔哥尼亚等南美地区,所以上述高乔人的传统服饰不仅仅是乌拉圭所特有,其中的彭丘更是盛行于智利、秘鲁、阿根廷、厄瓜多尔、玻利维亚等多个南美国家,被视为"南美服饰之魂"。彭丘其实就是我们熟悉的披风,或称斗篷,它设计简单,是一块长方形的织物,正中可用纽扣解系,毯子披挂两肩,手脚活动自如,穿戴方便。这一传统服饰的名称在南美各国稍有不同,哥伦比亚称其为"卢阿纳"(ruana),墨西哥称其为"萨拉佩"(sarape)或"加潘"(capa),而在乌拉圭、厄瓜多尔、玻利维亚、阿根廷则普遍使用"彭丘"一词。2008年,APEC领导人非正式会议在秘鲁首都利马召开,与会的21个经济体领导人都穿上了当地的传统服饰彭丘合影留念。

　　南美高乔人使用彭丘的传统是从当地原住民印第安人那里继承而来的。有人认为彭丘的历史可追溯到3000多年前,那时生活在安第斯山脉附近的印第安人就已经开始使用彭丘来御寒了。据记载,西班牙统治者侵略美洲大陆时,印第安妇女便给自己对抗外敌的丈夫和儿子编织这种不仅能御寒还能起到防御作用的彭丘。彭丘不仅是祖先留给后人的传统服饰,还穿越疆界、地域和时间,成为民族抗争精神的象征。

现在南美各国都争先将彭丘视作国家重要的民俗文化遗产。其中阿根廷最重视彭丘的历史地位,并设立了国际彭丘节(Fiesta Nacional e Internacional del Poncho)。自 1967 年第一届国际彭丘节举办以来,除了特殊原因,这一盛会每年 7 月都如期而至,并持续 10 天。届时各国手工艺人带着制作精良的彭丘展品齐聚一堂。彭丘节上还有摄影展、赛马表演、美食品尝以及年度"彭丘女王"的选举等活动。国际彭丘节也由此成为阿根廷冬季最重要的节日,并在 2016 年被阿根廷国会宣布为"非物质文化遗产",成为阿根廷大众节日中唯一一个获此殊荣的节日。为了配合国际彭丘节,卡塔马卡省政府还特意建立了彭丘博物馆,让人们了解彭丘的制作工艺和彭丘节的由来。馆内收藏有关彭丘节的记录影像和照片,以及历届手工艺人、获奖者及"彭丘女王"的亲笔签名。博物馆入口,一架带有彩色织线的大型织布机覆盖屋顶,象征一件大彭丘遮盖、拥抱并庇护着所有进入博物馆的参观者。

现在在乌拉圭,彭丘不仅仅是历史传统服饰,改良后颜色、款式、布料更加现代化的斗篷仍然在各大商店有售,但这些现代化的彭丘大部分都是供女士穿着,男士用彭丘在日常生活中并不太常见。

除了吃喝,玩乐也颇能展现一个国家的民族精神。在乌拉圭,一年中有许多大大小小的法定节假日和欢庆活动,这些传统的节庆不仅为人们提供了肆意狂欢的机会,也将现实与历史连接起来,是感受民族文化、了解地域风情的一个契机。根据乌拉圭第 14977 号法令,节假日分为两类:一类是传统国家假日,包括新年(1 月 1 日,Año Nuevo)、三王节或儿童节(1 月 6 日,Día de los Niños)、狂欢节(周一和周二,Carnaval)、旅游周或称圣周(Semana de Turismo)、国际劳动节(5 月 1 日,Día de los Trabajadores)、万圣节(11 月 2 日,Día de los Difuntos)和圣诞节(12 月 25 日,Día de la Familia);另一类是爱国纪念国家假日,包括三十三人登陆日(4 月 19 日,Desembarco de los Treinta y Tres Orientales)、拉斯皮德拉斯战役纪念日(5 月 18 日,Batalla de Las Piedras)、何塞·阿蒂加斯诞辰纪念日(6 月 19 日,Natalicio de Artigas)、宪法纪念日(7 月 18 日,Jura de la Constitución)、独立日(8 月 25 日,Declaratoria de la Independencia)及哥伦布发现美洲纪念日(10 月 12 日,Día de la Raza)。

这些节日中有一些是法定休假节日(新年、国际劳动节、宪法纪念日、独立日、圣诞节),另一些则没有休假。在法定休假日仍工作的人可以领到双倍工资。值得一提的是乌拉圭的连假制度。如果法定节假日落在周六、周日或周一的话,那么就按照本来的休假制度休假;但是如果落在周二、周三的话,那么本周一也将纳入休假;如果假日落在周四或周五的话,那么下周一也将纳入休假。但是执行连假制度的假日只有三十三人登陆日、拉斯皮德拉斯战役纪念日以及哥伦布发现美洲纪念日。除上述提到的节假日外,乌拉圭在人口普查日、总统权力交移日、乡村劳工节(4 月 30 日)也进行休假,此外在某些行业领域内,也会有劳工和雇主商定的特殊节假日。

除了法定节假日,乌拉圭各地区在一年当中会有各种各样、异彩纷呈的节庆活动,如 1 月份的白夜(La Noche Blanca)、安德雷西托湖节(Festival del Lago Andresito)、圣费尔南多周(Semana de San Fernando),2 月份的国家民俗文化节(Festival Nacional del Folclore),3 月份的高乔故乡节(Fiesta de la Patria Gaucha)、啤酒周(Semana de la Cerveza)、奥利马节(Festival del Olimar),6 月份的圣胡安篝火节(Hogueras de

San Juan),7 月份的国家巧克力节(Fiesta Nacional del Chocolate),8 月份的怀旧之夜(Noche de la Nostalgia),9 月份的索里亚诺美食节(Soriano Cocina),10 月份的多洛雷斯春节(Fiesta de la Primavera de Dolores),11 月份的拥抱索利斯河节(Abrazo del Solís Grande),精彩又热闹。在这些节庆活动中,人们或观赏花车游行、享受音乐歌舞表演;或品尝各色美食、美酒,把酒言欢;或参与到各种游戏、娱乐活动中,围着篝火载歌载舞……

狂欢节无疑是乌拉圭众多节庆活动中最盛大、最热闹,也最受欢迎的节庆。2009 年,首都蒙得维的亚被选为伊比利亚美洲(指使用西班牙语和葡萄牙语的所有美洲国家)的狂欢节之都。当时在短短一个月的时间内,狂欢节的门票销量超过了其他所有体育和文化活动门票的总和,从历史起源来讲,狂欢节是基督教在禁欲、严守戒律的四旬斋开始之前纵情玩乐、肆意狂欢的一段时间,因此一般是在二三月份举行,现在很多欧洲国家及拉丁美洲国家都会庆祝狂欢节,知名度最高的应该是巴西的里约热内卢狂欢节。

乌拉圭的狂欢节从 1 月底开始,一直持续到 3 月中旬,可以说是世界上持续时间最长的狂欢节。在 50 天的时间里,人们载歌载舞,高声欢唱,观看各种戏剧、歌舞表演,随彩车游行队伍在街道上肆意欢乐,平日里沉稳、朴素的乌拉圭人的热情被彻底释放出来。虽然狂欢的氛围是一致的,但不同地区也会有自己的风格,例如:科洛尼亚以坎东韦和慕尔加歌舞游行为主;里维拉则更热情四射,与巴西狂欢节有些相似;沿海城市佩德雷拉(Pedrera)的狂欢节则更显现代化,震耳欲聋的电子音乐与年轻人的跳跃欢呼取代了传统的歌舞及游行表演。首都蒙得维的亚的狂欢节自然是国内最热闹、最盛大的。

每年 1 月份的最后一个周四,蒙得维的亚的狂欢节以开幕游行(Desfile Inaugural)揭开序幕。将在节日期间进行表演的所有团队盛装打扮,连同来自世界各地的游客及花车共同组成了开幕式游行的队伍,沿着 7 月 18 日大道缓缓行进。在狂欢节闭幕式时,主办方还将在他们之中选出一支最优秀的表演团队,因此狂欢节也可以说是一场表演大赛。

狂欢节期间的主要活动有三大类,分别是游行、音乐剧表演、舞蹈表演。表演团队一般分为几大类,比如讽刺剧团体(Parodistas)和搞笑团体(Humoristas)。讽刺剧团体由 15—20 人组成,通常在舞台上对戏剧的情节、轰动社会的知名事件及公众人物进行戏谑的模仿,以幽默的口吻对真实的事件进行讽刺和批判。搞笑团体由 12—17 人组成,一般通过歌唱、舞蹈和朗诵来逗人发笑,与讽刺剧团体不同的是,它的创作素材不能是文学作品中的情节或者社会中真实发生的事件。起初这两个团体混在一起,后来才逐渐分开。此外还有穆尔加(Murga)团体以及主要表演坎东贝(Candombe)的黑人和卢波罗团体(Lubolo,即装扮成非洲人的乌拉圭人)。根据一项统计,在历年的狂欢节表演中,49％的市民偏爱穆尔加表演,16％的市民选择了讽刺剧团体,9％的市民选择了搞笑团体。可见穆尔加在狂欢节表演中的受欢迎程度。穆尔加是由 14—17 名成员组成的合唱团,他们用流行通俗的语言进行合唱,配以小鼓、低音鼓等打击乐器伴奏,表演主要反映的是乌拉圭人民的日常生活并涉及年度事件,同样也是以批评、讽刺和娱乐为基本特征。各团体通常在被称为 Tablados 的露天舞台上向公众展示他们的表演,表演场内座无虚席,人头攒动,欢呼声、喝彩声不绝于耳。

除了开幕游行外,值得一提的规模最大的游行要数在蒙得维的亚南街区(Barrio Sur)和巴莱蒙街区(Barrio Palermo)进行的拉马达游行(Desfile de Llamadas)。拉马达游行中人们会带上成千上万面鼓,共同敲击着坎东贝的节奏。坎东贝是一种起源于非洲的音乐形式,殖民时期随着被贩卖到拉普拉塔河流域的非洲黑奴一起传播到乌拉圭,并在这里得到传承和发展。现在坎东贝是乌拉圭文化中必不可少的重要组成部分,并被联合国教科文组织认定为人类非物质文化遗产。虽然平日里在乌拉圭也常听到坎东贝的鼓点声,但狂欢节中的表演显得气势恢宏。拉马达游行中每一组乐队由70—80人组成,其中表演的主体由约70名鼓手组成,还有几名扮演殖民统治时期人物的演员和一名女性黑人舞蹈演员。演奏时鼓手们将鼓用背带斜挎在肩上,排列成方阵在行进间演奏。当几十名鼓手共同演奏时,密集的鼓点持续地冲击着人们的耳膜,伴随着鼓手们时而振奋的一呼,使所有人心潮澎湃。而女舞者穿着性感的服装走在队列最前方,身姿妖娆,舞蹈火辣,热烈而自信地展示着自己的舞姿,从中喷薄而出的热情有着十足的感染力,吸引着无数人的眼球。[①]

如今在蒙得维的亚有一座狂欢节博物馆(Museo de Carnaval)。馆内收藏了大量与乌拉圭狂欢节历史有关的物品、服装、模型、图片和新闻资料,还有一个对穆尔加发展史进行介绍的展览。

与盛大的狂欢有所不同,爱国纪念国家假日则更多地带有缅怀历史的意味,这些假日都与乌拉圭历史上推动国家进程的重大事件有关。顾名思义,拉斯皮德拉斯战役纪念日是为了纪

---

①　王珍娜:《如此乌拉圭》,上海社会科学院出版社2020年版,第70页。

念 1811 年的拉斯皮德拉斯战役——乌拉圭独立战争中取得的第一次胜利。1816 年 8 月,葡萄牙-巴西军队入侵东岸地区,并于 1817 年 1 月占领了蒙得维的亚。1825 年 4 月 19 日,33 位东岸爱国者从布宜诺斯艾利斯出发,到达东岸地区,决心赶走巴西人,解放故土,三十三人登陆日正是为了纪念这一事件。独立日就是乌拉圭的国庆日,1825 年 8 月 25 日,东岸人民在乌拉圭佛罗里达宣告东岸省独立。宪法纪念日是为了纪念 1830 年 7 月 18 日乌拉圭第一部宪法的颁布。

　　一个国家的吃喝玩乐不仅已经内化为一种集体文化,而且也可以反映出这个国家的民族性格与精神面貌。乌拉圭人对肉的热爱在一定程度上体现了他们的豪放洒脱、不拘一格;而与大口吃肉形成鲜明对比的小口饮茶又展现了他们性格中温和、恬静的一面;整座城市大规模的纵情狂欢又将其奔放、热情的一面体现得淋漓尽致。这就是乌拉圭人。

"拉丁美洲的良心"——乌拉圭文学

　　早在 20 世纪 50 年代末,我国就已经对乌拉圭文学有所译介。"进入新世纪后,拉美文学图书翻译出版的种类快速增加。2000 年至今 20 多年的时间里约有 350 部拉美文学作品翻译出版"①,其中不乏乌拉圭文学作品,如《爱与战争的日日夜夜》(*Días y noches de amor y de guerra*),《时间之口》(*Bocas del tiempo*),《火的记忆》(*Memoria del fuego*),《休战》(*La tregua*),《破角的春天》(*Primavera con una esquina rota*),《造船厂》(*El astillero*)等。但国内读者熟知的拉丁美洲文学作家仍然是富恩特斯(Carlos Fuentes),马尔克斯,聂鲁达(Pablo Neruda),略萨(Mario Vargas Llosa),博尔赫斯(Jorge Luis Borges)等几位诺贝尔文学奖得主,若向国内非拉丁美洲文学专业或者非拉丁美洲文学爱好者提起乌拉圭文学,估计大部分人还是只会茫然摇头,除非我们说到《拉丁美洲被切开的血管》,很多人又会恍然大悟,哦,原来这是乌拉圭作家的作品啊!
　　殖民时期的乌拉圭文学,或者说整个本土文化都发展比较缓慢,独立之后其近代文学才逐渐开始发展,但一开始仍带有较浓厚的欧洲印记,之后才逐渐形成了自己的特色。
　　早期的乌拉圭诗歌有古典主义诗歌和民间诗歌两种风格。

---

　　①　杨晓明:《国内拉丁美洲文学译介出版调研》,《新闻传播》2021 年第 6 期,第 86—87 页。

其中弗朗西斯科·阿库尼亚·德·菲格罗亚(Francisco Acuña de Figueroa)是从欧洲传入的古典主义诗歌写作的代表人物,他的作品带有浓厚的西班牙新古典主义风格。值得一提的是阿库尼亚还是乌拉圭国歌的作词者。民间诗歌以巴托洛·梅伊达尔(Bartolomé Hidalgo)的高乔诗为代表。高乔文学是拉丁美洲文学的一个重要分支,是在拉丁美洲获得政治独立之后应运而生的美洲主义文学的最早萌芽之一①,到19世纪发展成了一种独立的文学统派,一开始出现的绝大部分作品都是诗歌。这些高乔诗通常都以高乔人为主角,主要描写他们的生活方式、思维习惯及民族性格,同时蕴含着对社会不公平的抨击。使高乔诗达到史诗规模并在此领域享有最高声誉的是阿根廷诗人何塞·埃尔南德斯(José Hernandez)的《马丁·费罗》(*El gaucho Martín Fierro*)。

之后,浪漫主义随着流亡到蒙得维的亚和科洛尼亚的几位阿根廷作家一起来到了乌拉圭,当时乌拉圭浪漫主义诗人的代表是阿道夫·贝罗(Adolfo Berro)。19世纪后半叶,现实主义也传入了乌拉圭,以爱德华多·阿塞韦多·迪亚斯(Eduardo Acevedo Díaz)为代表的作家用细致的笔触对当时的社会进行了详细的刻画。

到了20世纪初,在蒙得维的亚出现了一批作家群体,被称为"900一代"(Generación del 900),之所以得此称呼是因为团体中的大多数成员在1900年左右迎来创作高峰。"900一代"的成员在乌拉圭甚至整个拉丁美洲文坛都享有盛誉,至今仍被认为是诗歌、短篇小说和戏剧创作领域的杰出代表,他们的作

① 赵振江:《"马丁·费罗"与高乔文学》,《拉丁美洲丛刊》1981年第3期,第65—72页。

品大都属于现代派。诗歌领域的代表性作家是胡里奥·埃雷拉-雷塞格(Julio Herrera y Reissig)，戏剧领域的杰出代表是佛罗伦西奥·桑切斯(Florencio Sánchez)，但其中最具声望的要数何塞·安里奎·罗多。他的作品精练而富有诗意，以 1900 年出版的散文《阿里耶尔》为代表。《阿里耶尔》在整个拉丁美洲文坛都占有重要的地位，作品中的人物使用了莎士比亚剧作《暴风雨》中主人公的名字，通过其象征意义与之形成了互文关系，如普洛斯彼罗老师代表着智慧，阿里耶尔代表着理想主义，卡利班则代表着物质主义。文中涉及各种哲学主题，并包含着寓教作用，作者认为，年轻人的责任在于建立起本地区特有的身份和文化认同，警示他们不要被功利主义侵蚀。作者提议不要把美国作为民主的典范，因为美国的功利性与民主精神是对立的；古希腊精神才是他们应该追寻的方向。有评论家认为这是拉丁美洲寻求身份认同的漫长的过程中非常重要的一篇作品。现在蒙得维的亚有一座罗多公园，园中有一尊罗多雕塑，正是为了纪念这位"900 一代"的作家。

20 世纪 30 年代左右活跃于乌拉圭文坛的作家被称为"30 年代派"(Generación del 30)，但因 1930 年正值乌拉圭宪法颁布 100 周年，所以他们更广为人熟知的名字是"百年一代"(Generación del Centenario)，其中最著名的作家是菲利斯博尔特·埃尔南德斯(Felisberto Hernández)和奥拉希奥·基罗加(Horacio Quiroga)。埃尔南德斯不仅是一位作家，还是一位作曲家和钢琴家。他在作品中惯用一些日常用语和口语化的表达，在拉近与读者距离的同时，并没有削弱作品的深度，相反，他经常通过作品引领读者对一些复杂问题，如阅读碎片化进行思考。埃尔南德斯的代表作品是《无人开灯》(*Nadie encendía las lámparas*)。基罗加对推动拉美文学现代化进程起到了关

键性作用,他与博尔赫斯、鲁尔福(Juan Rulfo)和科塔萨尔
(Julio Cortázar)并称为拉丁美洲短篇小说"四大金刚",也被称
为"拉丁美洲短篇小说之王"。他的部分作品入选乌拉圭中小
学阅读计划推荐书目。基罗加一生跌宕起伏,被意外和死亡包
围。出生几个月后他的父亲就在打猎中不幸误伤自己而去世;
几年后他的继父又因脑出血瘫痪,后用手枪自杀,年幼的基罗
加是听到枪声后第一个赶到现场目睹了继父遗体的人;初入文
坛后不久,在一次意外中,他不幸射杀了自己最好的朋友;之后
他又相继失去了两位哥哥;在丛林生活时,他的第一任妻子服
毒自杀……充满魔幻的现实经历影响了基罗加的创作,幻觉和
死亡是他作品中反复出现的主题。他的代表作短篇小说集《爱
情、疯狂和死亡的故事》(*Cuentos de amor de locura y de
muerte*)主要围绕死亡展开,但死亡的表现方式却是多种多样、
离奇怪诞且令人意想不到的,同时作品中也涉及了一些其他的
主题如动物的人性化及人类的非人化。但是对死亡的描写不
是为了猎奇,而是基于作者对死亡的洞察,基罗加告诉我们人
该怎样活下去。遗憾的是晚年基罗加身患癌症痛苦不堪,最终
服毒自杀。2011 年,这部作品的中文版由林光翻译,新华出版
社出版,得以与中国读者见面。

　　到了 20 世纪中期,乌拉圭迎来了本国,甚至是 20 世纪拉
丁美洲文学史上重要的作家之一——马里奥·贝内德蒂
(Mario Benedetti)。贝内德蒂涉猎的文学体裁非常广泛,有长
篇小说、短篇小说、散文、诗歌、戏剧、文学评论等,同时他还当
过速记员和记者。2011 年,乌拉圭对 600 多名大学生进行了一
项问卷调查,其中有这样一个问题:"为了让外国人更好地了解
我们,你最想推荐给他们的作家是哪位?"虽然在"最能代表乌
拉圭人的一本书是什么书?"这一问题中得票最多的是爱德华

多·加莱亚诺的《拉丁美洲被切开的血管》,但对于这个问题,绝大多数人还是选择了贝内德蒂。在大学生最喜爱的 100 部乌拉圭文学作品中,贝内德蒂的作品在前 10 部中就占据了 3 部。曾引起我国网民讨论的外国文学翻译问题的中译本《休战》,正是贝内德蒂的代表作之一,在上述 100 部受欢迎作品中排名第 2。《休战》自出版以来,被译成 20 多种语言,全球销量超过百万册。贝内德蒂属于乌拉圭文学团体"45 年代派"(Generación del 45),他的作品主要以城市为背景,关注普通人的喜怒哀乐、精神危机,以及在独裁社会中生存的艰辛与迷惘。通过对日常琐事的精准观察和生动描写,作者试图唤醒耽于舒适生活的乌拉圭人民,进而探索实现彻底社会变革的可能性。可以说贝内德蒂是"乌拉圭的鲁迅",他试图用手中的笔揭穿社会的伪装,以唤醒麻木的民众,正如他自己所说:"我真诚地爱我的国家,所以我希望她变得比实际上的更加美好。"如在《蒙得维的亚人》(Montevideanos)这部短篇小说集里,"贝内德蒂拼出了一个社会的万花筒,让读者从各个角度看到蒙得维的亚人,特别是蒙得维的亚中产阶级的真实面貌,作者从伦理观念、思想感情、心理因素、人性的高尚与卑微等各个方面剖析了形形色色的都市居民,不加修饰、毫不夸张地记录了他们生活中的失落和挫折,以达到批判社会病态,谋求社会进步的目的"①。2009 年 5 月 17 日,贝内德蒂在蒙得维的亚家中去世,享年 88 岁。乌拉圭政府宣布第二天为全国哀悼日,时任乌拉圭总统巴斯克斯表示:"马里奥这样的人永远不会死,而是会在人们心中生根发芽。"

----

　　① 　盛力:《拉丁美洲短篇小说大师马里奥·贝内德蒂》,《外国文学》1986 年第 5 期,第 87—88 页。

与贝内德蒂同属"45年代派"的另一位作家胡安·卡洛斯·奥内蒂(Juan Carlos Onetti)也是乌拉圭文学史上重要的作家之一。奥内蒂被认为是"魔幻现实主义大师""拉丁美洲现代小说创始人",同时也被认为是西班牙语文学世界中为数不多的存在主义作家之一。曾获诺贝尔文学奖的拉丁美洲文学大家巴尔加斯·略萨评价奥内蒂是一位伟大的现代作家,认为他作为一名极具创造性及独特个性的作家,远没有得到与自己文学水准相匹配的国际认可度及知名度,而导致他没有被更多人接受的重要原因之一,就是其作品中的消极、悲观态度。奥内蒂以忧郁、凄楚的语言和令人痛苦的故事而闻名,在这些故事中,人通常以社会环境受害者的身份出现。2008年,略萨出版了一部专门研究奥内蒂的作品《走向虚幻之旅:胡安·卡洛斯·奥内蒂》(*El viaje a la ficción. El mundo de Juan Carlos Onetti*),获得了卡瓦耶罗·伯纳德国际散文奖。在这部作品中,"略萨高度评价了奥内蒂作品中所散发出来的现代性:时空被高度浓缩,叙述者的角度随意变换,客观现实和主观现实任意移位,人物、事件被无限分割……深度分析了奥内蒂的生活和创作,描绘了虚构的圣玛丽亚市最奇妙的全景。圣玛丽亚影射故土家园颓废荒芜的景象,也阐述了人类生存的危机和无法掌握命运的挫折感"[①];同时略萨还分析认为奥内蒂作品中人物的无所适从、消极与悲观也是拉丁美洲社会病态发展的写照。

1939年,奥内蒂的第一部长篇小说《井》(*El pozo*)问世,小说几乎没有任何情节起伏,全篇都是主人公的自述,文中体现的孤独、存在的无意义都暗含着存在主义思想。1943年出版的

---

① 　张力:《巴尔加斯·略萨新作〈走向虚幻之旅:胡安·卡洛斯·奥内蒂〉》,《外国文学动态》2010年第2期,第21—22页。

《为了今宵》(*Para esta noche*)标志着作者个人风格的初步形成,作品中也浮现出魔幻现实主义色彩。《短暂的生活》(*La vida breve*)是奥内蒂最著名的小说作品之一,书中的圣玛丽亚市作为一个虚构的地点在他之后的作品,如《生离死别》(*Los adioses*)、《无名氏墓志》(*Para una tumba sin nombre*)、《1959》(*1959*)、《造船厂》(*El astillero*)等作品中反复出现,圣玛丽亚市是一个位于拉普拉塔河沿岸的小城,形形色色的人聚集于此,但大部分都是在中下层社会中摸爬滚打的普通人。"圣玛丽亚"系列作品是拉丁美洲文学爆炸时期的重要代表。

　　20世纪中叶,在乌拉圭某所学校的课堂上,女教师说道:西班牙殖民者巴尔沃阿登上巴拿马的一座山峰,成为同时看见大西洋和太平洋的第一人。一个年幼的学生忍不住举手发问:"老师,当时印第安人都是盲人吗?"结果听到一声断喝:"出去!"这个学生就是爱德华多·加莱亚诺,他也是谈及乌拉圭文学时不得不说的作家,一部《拉丁美洲被切开的血管》使他声名远扬。2009年第五届美洲国家首脑峰会上,委内瑞拉时任总统查韦斯(Chávez)把这部作品送给了时任美国总统奥巴马,这一事件使得这部作品连同加莱亚诺一起受到世界的关注。《拉丁美洲被切开的血管》出版于1971年,至今为止再版近40次,现在中国共有3个译本,分别于2001年、2013年、2018年出版。在这部作品中,加莱亚诺用编年史的叙述方式全面讲述了拉丁美洲从殖民时期到现在的历史,他用难以辩驳的丰富资料和澎湃有力的悲情笔法,铺陈出这片大陆自哥伦布开启航海新纪元之后500年的坎坷命运,写下一页页拉美受难史。本书包括两大部分内容——"地球的富有造成人类的贫困"和"发展是遇难者多于航行者的航行",其中第一部分主要讲述旧殖民主义对拉丁美洲金银、矿产等自然资源的掠夺,第二部分讲述新殖民主义如何通过自由贸易、贷款、铁路、阴谋和暴力将拉丁美洲的民族工业发展扼杀在襁褓之中，解析了投资、技术、经济援助、合资企业、金融机构、国际组织等现代文明手段如何不文明地参与了古老的掠夺战。①

作者毫不留情地揭露了这片大陆贫穷与动荡的根源——殖民国家自 16—19 世纪对这片土地的疯狂掠夺，同时他的目的也非常明确："写这本书是为了和人们交谈，向人们揭示被官方历史掩盖和篡改的历史，即战胜者讲述的历史。"正是这部作品使加莱亚诺获得了"拉丁美洲的良心"这一称号，这是他代表这片土地上遭侵略、掠夺、压迫，生活贫穷的人们发出的呐喊，巴拉圭总统费尔南多·卢戈(Fernando Lugo)就曾评论道："加莱亚诺曾经是，现在仍是拉丁美洲的声音。"果不其然，2008 年，加莱亚诺出版了一部新作《镜子：照出你看不见的世界史》(*Espejos：una historia casi universal*)，这本书的中文版已于 2012 年由广西师范大学出版社出版。这一次，加莱亚诺继续高扬批判的旗帜，用将近 600 个故事讲述了人类历史上不为人知的、掩盖在"正史"下的一些本相。

值得一提的是，西班牙语文学界的最高奖项塞万提斯奖(Premio Miguel de Cervantes)于 2018 年和 2021 年分别授予乌拉圭女诗人依达·维塔莱(Ida Vitale)和克里斯蒂娜·佩里·罗西(Cristina Peri Rossi)。塞万提斯奖自颁奖以来共有 24 次颁发给西班牙籍作家，24 次颁发给拉美籍作家，且有一个不成文的规定，轮流颁给西班牙籍作家和拉美作家(但近几年未遵循此规定)，两位乌拉圭作家在短期内同时获奖并不多见。

---

① 《出生在上帝生病的日子——评〈拉丁美洲：被切开的血管〉》，《中国改革》2002 年第 11 期，第 62—63 页。

同时她们两个也分别是第五、六位获此殊荣的女性作家。依达·维塔莱主要从事诗歌创作,此外还进行翻译、评论和散文写作等文学活动。自 1949 年第一部作品问世以来,她一共出版了 24 本诗集及大量杂文、评论和翻译作品,代表作有诗集《每个人自己的夜晚》(*Cada uno en su noche*,1960)、《恒久之梦》(*Sueños de la constancia*,1988)和《这段回忆之光》(*La luz de esta memoria*,1999)。

维塔莱属于拉丁美洲历史先锋派,同时也是本质主义诗歌的代表。她致力于通过诗作探索语言的艺术魅力,赋予语言新的意义。她的作品以短小精悍为特点,并在根植于象征主义的感官知觉和最精确形象的概念确立之间建立起一种联系。维塔莱对诗歌在现代社会的发展,以及大众对这一文体的接受情况表达了自己深深的忧虑:"诗对我们人类来说有着一种特殊的意义,但现如今这种意义已不复存在。我不知道是不是还存在那种刊登诗作的报纸。"根据她的回忆,童年时期寄到家中的日报,每一份都有文化专栏,并且经常能在那上面看到各种诗歌作品。就像她自己所说的那样,诗从来没有远离我们,重要的是人们必须明白它的重要性。虽然这个世界现在被权力和金钱驱赶着快速前进,但诗歌是经久不衰的,而我们不管是在今天还是未来,都不会也不能停止阅读。

在《叛逆的乌拉圭女性》(*Uruguayas rebeldes*)一书中,作家介绍克里斯蒂娜·佩里·罗西时使用的词语有诗人、叙述者、散文家、女权主义者、女同性恋、叛逆者、翻译、老师、记者,以及敏感、狂野、激进、正义等。1941 年,克里斯蒂娜出生在蒙得维的亚的一个意大利移民家庭。由于她的舅舅经营着一家图书馆,所以克里斯蒂娜从小就开始接触书籍并阅读,她在 16 岁的时候就已经读过波伏娃(Simone de Beauvoir)的《第二性》

(*El segundo sexo*)。1963 年,克里斯蒂娜出版了她的第一部短篇小说集《活着》(*Viviendo*),之后又陆续出版了几本长篇、短篇小说集。在乌拉圭军事独裁期(1972—1985),她的作品在乌拉圭被禁止,而她本人也于 1972 年离开了乌拉圭,流亡到西班牙。1974 年,西班牙政府与乌拉圭政府合作,拒绝再次发给她西班牙护照,于是在朋友的帮助下她逃到了巴黎,但之后又返回了西班牙。克里斯蒂娜于 1975 年获得西班牙国籍,并于 1985 年再次获得乌拉圭公民身份,此后她一直拥有这两个国家的双重国籍,但一直生活在巴塞罗那。

克里斯蒂娜涉猎的文学种类很多,有记叙文、诗歌、散文甚至新闻集,同时也进行一些文学作品的翻译工作。她主要的代表作品有《欲望战略》(*Estrategias del deseo de exilio*)、《私人房间》(*Habitaciones privadas*)、《流亡》(*Estado de exilio*)、《时间的船》(*La barca del tiempo*)、《错爱》(*Los amores equivocados*)、《我未能告诉你的一切》(*Todo lo que no te pude decir*)等。在 2005 年出版的《诗合集》(*Poesía reunida*)中,克里斯蒂娜说明了自己的诗歌创作主要关注女性的革命与性的革命,但除了女性主题外,她的文学创作涉及流亡的经历、文化认同的定位等主题。

塞万提斯奖给予她的颁奖词为"克里斯蒂娜·佩里·罗西向我们展示了我们时代伟大文学创作者的轨迹,以及一位作家如何在多个体裁中发挥自己的才华。她的作品是不断探索与批评的实践。她也从不回避词语的力量,在当代对话的关键问题上——如女性的现状与性——作出社会承诺。此外,她的作品是伊比利亚美洲和西班牙之间的桥梁,永远提醒着我们 20 世纪的流亡与政治悲剧。"

虽然在《叛逆的乌拉圭女性》中作者用很多词汇来形容她,

但从根本上来讲,克里斯蒂娜是一位自由的诗人,她拥有两个祖国、两片故土、两种生活。

美国文学批评家杰姆逊·弗雷德里克(Fredric Jameson)曾提出"第三世界文学"这一概念,并分析认为,所有第三世界的文本均带有寓言性和特殊性,人们应该把这些文本当作民族寓言来阅读。第三世界的文本,甚至那些看起来好像是关于个人和力比多趋力的文本,总是以民族寓言的形式来投射政治:关于个人命运的故事包含着第三世界的大众文化和社会受到冲击的寓言。① 这毫无疑问是乌拉圭甚至是拉丁美洲文学界的一大特点。第三世界国家的历史,乃至现在,总是充斥着殖民、压迫、反抗这样的词语,这就决定了他们的小说常常与政治环境同步,很多拉美文学家不仅仅是作家,他们甚至直接参与政治。加莱亚诺、贝内德蒂、奥内蒂……他们都曾努力揭露这片大陆贫穷与动荡的根源,探究这里的人们的精神危机与生存困惑,这一切,也许都是为了将来这里不再有殖民与压迫。

---

① 弗雷德里克·杰姆逊:《处于跨国资本主义时代中的第三世界文学》,张京媛译,《当代电影》1989 年第 6 期,第 47—59 页。

铁血军团——乌拉圭足球

19 世纪 60—70 年代,足球随英国人传入南美洲,之后热情奔放、充满活力的南美人便赋予了它独特的魅力。如今,足球早已超过体育运动的范畴,成为南美洲的文化标签,英国历史学家艾瑞克·霍布斯鲍姆(Eric Hobsbawm)曾说:"足球在南美不仅是 11 个人的游戏,而且是成千上万人的'想象共同体',它比其他任何文化、政治架构更能聚合起民族的意识。"①

如果一个国家的足球队历史上曾获得过 2 次世界杯冠军、2 次奥运会冠军、15 次美洲杯冠军,我们会认为这支球队的水平相当不错,但如果得知这个国家总共只有约 350 万人口,相信大部分人都会感到惊讶甚至不可思议,这个国家正是南美洲第二小的国家——乌拉圭,该国的足球运动发展模式也是国际足联前任主席阿维兰热推崇的足球发展最佳范例。

媒体习惯于将乌拉圭足球队称为"铁血军团",但其实它还有另外一个称号——查鲁亚钢叉。查鲁亚人是发现新大陆前乌拉圭地区的土著居民,面对西班牙人的入侵,他们骁勇善战、顽强抵抗,即使是科技先进、武器完备的欧洲人也从来都没有完全征服过他们。在 1831 年的萨尔西普埃德斯大屠杀中,乌拉圭境内的查鲁亚人被屠杀殆尽,如今,在屠杀地点不远处竖

---

① 大为:《足球转动地球:南美承载足球梦想》,《新民周刊》2014 年第 23 期,第 28—33 页。

立着一块纪念牌,上书:"在这附近,他们曾试图使我们灭亡,但是,这绝不可能。我们查鲁亚人仍然存在,并将继续立足于这片土地。"至今"查鲁亚钢叉"这个表述在西班牙语中仍然代表着勇气与不屈的精神。

不管是"钢叉"还是"铁血",乌拉圭足球给人留下了强悍、野性、无畏甚至肮脏粗暴的印象。有足球评论员称,巴西桑巴足球讲究细腻的技巧,阿根廷探戈足球讲究明快的节奏,而奉行查鲁亚精神的乌拉圭足球则讲究凶悍地冲撞。

2018 年,为庆祝国际语言日,乌拉圭国家文学学会(Academia Nacional de Letras de Uruguay)在蒙得维的亚足球博物馆举办了一次名为"足球——语言的创造者"的圆桌会议,会上乌拉圭历史学家杰拉多·卡斯塔诺对"查鲁亚钢叉"的内涵进行了界定,认为这是乌拉圭人在世界上的一种身份认同,是把乌拉圭足球和其他地区足球区分开的一种标记。这并不意味着以蛮力取胜,而是以进攻取胜,是在最艰难的时刻让每位球员发挥出最突出的优势,从本质上说,就是要有一个在困难面前直视它的心理因素。可以说,"查鲁亚钢叉"是一种印章,是乌拉圭人的印记。也许从第一届世界杯乌拉圭的"独臂将军"开始,"铁血"就一直流淌在天蓝军团的身体里。2014年世界杯对阵英格兰的关键晋级战中,佩雷拉(Álvaro Pereira)在拼抢中撞到太阳穴并出现休克,但经过紧急救治苏醒过来后,佩雷拉拒绝下场,坚持继续比赛。2018 年世界杯乌拉圭与俄罗斯的小组赛末战中,两支提前出线的队伍相遇了,明明可以平局晋级,乌拉圭还是那么拼,甚至在 2:0 领先的情况下,一名球员在拼抢中倒地后迎着俄罗斯球员的脚连续三次用头抢球,这一幕震惊了世界。在乌拉圭教练塔巴雷斯位于蒙得维的亚的家中,墙上挂着切·格瓦拉(Che

Guevara)的座右铭："Hay que endurecerse sin perder jamás la
ternura."（只有坚强起来，才不会丧失温柔。）不论褒贬，这种铁
血风格造就了独一无二的乌拉圭足球。

　　回溯乌拉圭足球发展史，有辉煌，有低谷，当他们看似被击
败并再也无法继续的时候，总会出现一种内在力量，这种力量
引领着他们继续斗争，也正是这种"查鲁亚精神"引领着乌拉圭
球队取得了无数次看似不可能的胜利。现在已知的乌拉圭第
一场正式足球比赛是 1881 年在蒙得维的亚赛艇俱乐部和蒙
得维的亚板球俱乐部之间进行的；1900 年，乌拉圭足协正式
成立，从此乌拉圭足球步入有序化管理阶段，随着 1916 年在
第一届美洲杯比赛中夺冠，1917 年蝉联美洲杯冠军，1924 年
在奥运会夺冠，乌拉圭足球逐渐走出国门，走向世界，让人们
大开眼界。

　　1924 年是乌拉圭首次参加奥运会足球比赛，当时他们面临
的不是紧张或兴奋，而是前往法国的旅费问题。一些人通过捐
款的方式提供了资助，还有一位官员特地前往西班牙北部城市
维戈(Vigo)协商在当地举行几场友谊赛以获取资金支持。经
过漫长的航海旅行，球员们终于到达了西班牙，并且在 9 场友
谊赛中场场获胜，一时名声大噪。当时有西班牙媒体这样写
道："毫无疑问，这些南美洲冠军是我们见过的最厉害的球员。"
西班牙人的震惊延续到了巴黎，在巴黎奥运会上，乌拉圭人踢
出了令人大跌眼镜的艺术足球，他们的表现让整个欧洲大吃一
惊，人们几乎是在欣赏一场艺术表演。欧洲人看到，乌拉圭队
员技术细腻、身体柔韧性好、动作轻松自如，特别是看到有一个
队员带球时用假动作接二连三地晃过对手直逼对方大门时，更
是目瞪口呆、惊羡不已。除了比块头、拼力量、讲速度的欧洲式
的粗犷踢法以外，他们还展现了一种近似足球表演艺术的踢

法——柔和、细腻、慢速、层层推进，讲究个人技术，这无疑使欧洲人对足球运动有了新的认识。1928 年在阿姆斯特丹奥运会上乌拉圭蝉联冠军，世界足球强队的风采开始展现。观看世界杯比赛时有些球迷也许会好奇，乌拉圭明明只拿到 2 届世界杯冠军但是他们的球衣上却绣着 4 颗星，还有 2 颗是哪来的？这 2 颗星正是 1924、1928 年乌拉圭蝉联奥运会冠军的见证，当时还没有世界杯，奥运会就是最高水准的国家队比赛，所以乌拉圭的球衣上会有 4 颗星。现在获得冠军星章最多的国家巴西也仅比乌拉圭多了 1 颗星，有 5 颗星。

1930 年是乌拉圭足球历史上的一个重要时刻。当时正值乌拉圭宪法颁布 100 周年，在一众申办首届世界杯的国家中，南美小国乌拉圭脱颖而出。为了举办本次世界杯，乌拉圭修建了世纪球场。

在接下来的 2 届世界杯（1934 年、1938 年）中，为了抗议欧洲球队不重视前往南美洲参赛，乌拉圭都进行了抵制，不曾参赛。之后，受二战的影响，世界杯停办了 12 年，直到 1950 年巴西世界杯，乌拉圭才第二次参加这场足球盛事，而它也不负众望，再一次夺得冠军。如果说首届世界杯乌拉圭夺冠是占尽天时地利人和的优势，那么这一次则是乌拉圭足球神话的开始。由于这是二战后的首届世界杯，巴西整个国家都非常重视，并为此修建了能容纳 20 万人的马拉卡纳体育场（Estadio de Maracaná），半个多世纪以后这里还举办了里约奥运会开幕式。最终巴西、西班牙、瑞典和乌拉圭队进入了决赛，当时巴西队风头正劲，分别以 7：1 和 6：1 大胜瑞典队和西班牙队，只要在最后一场比赛中踢平乌拉圭队就可夺冠。巴西人几乎毫不怀疑自己的球队会夺得冠军，比赛开始前，里约市市长称赞巴西队之前的表现，他激昂地说："球员们，短短几个小时之后,你们将成为世界冠军,将受到数百万同胞的欢呼!请接受我们向你们——胜利者致敬!"但是,在终场前11分钟,乌拉圭队攻入了制胜一球。乌拉圭媒体报道说:"当听到吉贾进球时,有3名球迷兴奋过度上了天国。在里约,一名巴西老人也因受到刺激去世。"其实世界杯亚军已经是当时巴西队在世界杯上取得的最好成绩,但几乎所有人都认为这是个彻底的失败。赛后主办方甚至都没举办颁奖仪式。可以说,这是世界杯历史上的第一个冷门。

这次失败对巴西人来说是刻骨铭心的,即使几十年过去了,这次伤痛还是隐隐作痛,2000年7月16日,《巴西日报》(Jornal do Brasil)在第一版有这样一个大标题——"半个世纪的梦魇"。报纸用了3个版,再次回忆了50年前的那场比赛,曾经参与过比赛的人们都无法释怀。与巴西的悲痛形成对比的是,乌拉圭"一支球队打败了一个国家"的传奇,2度参赛2度夺冠也让乌拉圭创造了自己的足球神话。20世纪50年代之前,乌拉圭足球真正意义上成为领先世界的足坛巨人,无论是在洲际赛场还是在国际赛场甚至是在奥运赛场都是一支超级强队,在世界足坛可谓一枝独秀,打下了小国的足球强国地位根基。①

20世纪后半叶,随着世界足球中心逐渐向欧洲发达国家转移,乌拉圭国家足球队也由盛转衰,在世界大赛上成绩平平,但是其职业联赛的发展仍然可圈可点。其中最重要的2支俱乐部球队是佩纳罗尔队(Club Atlético Peñarol)和民族足球俱乐部(Club Nacional de Football)。这一时期,2支俱乐部共获得

---

① 凌颖:《乌拉圭足球发展研究》,《体育文化导刊》2016年第5期,第124—129页。

南美洲俱乐部最高荣誉"南美解放者杯"（Copa Libertadores de América）8 次、"丰田杯赛"（Toyota Cup）冠军 6 次。2000 年，为迎接 21 世纪的到来，国际足联（FIFA）在其官方杂志《国际足联杂志》上举行一项评选 20 世纪最成功足球俱乐部的投票活动，佩纳罗尔以 2.04％的占比位列第 8，这对于人口只有 350 万的乌拉圭来讲，无疑是来自世界球迷的高度认可与赞赏。

　　进入 21 世纪后，乌拉圭在 2002 年世界杯中未出线，在 2006 年世界杯甚至没有晋级，但在此之后，它步入了复苏阶段。乌拉圭足球于 21 世纪的反弹与锋线人才的产出具有紧密的联系，在当今国际足坛缺少顶级前锋的背景下，乌拉圭却能够逆流而上，相继出现弗兰（Diego Forlán）、卡瓦尼和苏亚雷斯等知名前锋，尤其是卡瓦尼和苏亚雷斯成为当今国际足坛屈指可数的顶级前锋组合，这在现代足球战术体系下是极其难能可贵的。①

　　说起苏亚雷斯，大部分人都会认同他是乌拉圭最当红的足球明星，但他在足球圈子里可谓毁誉参半，有人赞赏他的坦率、纯粹，有人批判他的野蛮、冲动。即便如此，应该没人质疑他是当今足坛的最佳前锋之一。苏亚雷斯于 1987 年出生于乌拉圭小城萨尔托（Salto），家中有 7 个兄弟，父母离婚后他跟着母亲一起生活，7 岁的时候随母亲移居到首都蒙得维的亚。从小他就表现了对足球的热爱，生活拮据没钱参加系统的足球训练，他就在尘土飞扬的街头踢球。14 岁时他开启了自己的职业足球生涯，进入乌拉圭民族队踢球，后来到了荷甲的格罗宁根

---

　　①　凌颖：《乌拉圭足球发展研究》，《体育文化导刊》2016 年第 5 期，第 124—129 页。

(Football Club Groningen)和阿贾克斯(Football Club Ajax);之后又辗转英超利物浦(Liverpool Football Club)和西甲巴塞罗那(Football Club Barcelona);2022年,苏亚雷斯离开欧洲,加入巴西足球甲级联赛球队格雷米奥(Grêmio Foot-Ball Porto Alegrense)。

苏亚雷斯的足球生涯似乎与一个爱情故事纠缠在一起。少年的他喜欢打架、顶嘴、抱怨,文化课的学习也很糟糕,即使在进入民族队踢球后仍成天夜不归宿,不把训练放在心上,某个赛季,37场比赛中他一共才打进了8个球。直到16岁时不得不与离开乌拉圭前往巴塞罗那的女友索菲亚(Sofía Balbi)分离后,他才找到了自己的方向,用他自己的话说:"我明确了自己的人生目标——我要去欧洲踢球,和索菲亚在一起。"3年后,荷兰的格罗宁根俱乐部派人到乌拉圭考察射手,虽然苏亚雷斯没有在考察名单之列,但听到在当地人口中频频出现、夸赞不断的这个名字后,球探们没有立即离开而是多待了一天,观看了他的比赛,之后便向他抛来了橄榄枝。"我并不知道有球探来,也从未听说过格罗宁根,但我知道,比起蒙得维的亚,格罗宁根离巴塞罗那更近。"就这样,19岁的苏亚雷斯从南美洲来到了欧洲。

在阿贾克斯效力的3个半赛季里,苏亚雷斯共出场159次,取得111个进球及56次助攻;在利物浦期间,3个赛季共出场97次,取得65个进球。但是比起在绿茵场上取得的成绩,苏亚雷斯的"手球"事件和"咬人"事件似乎更为知名。

2014年巴西世界杯上苏亚雷斯再一次站在了舆论的风口浪尖。在与意大利对阵时,苏亚雷斯被意大利后卫严防死守,急火攻心的他终于在第78分钟时失去理智,牙咬基耶利尼(Giorgio Chiellini)。职业生涯中第三次在众目睽睽下咬人,这次事件引起的轰动是巨大的。对于这件事，苏亚雷斯认为是在极度求胜心切的心态下做出的失控举动："在这种情况下，我不会意识到自己会做出多么夸张的事。我并不是在为自己辩解——错了就是错了——我只是想还原当时究竟发生了什么。同样我也需要给自己一个解释，仔细想想为什么要那么做。换作别的球员，也许会想：好吧，我们出局了，但我在对英格兰的比赛里进了两个球，我是大明星。同样，我也可以请求被换下，我的膝盖又开始隐隐作痛，我已经在上一场进了两球，我尽力了。但我不会那样想。我想要更多，这种感觉很难解释。在你付出一切后，你并不想停下脚步，你不能忍受失败。这并不是因为我想要赢，而是我必须要赢。对失败的恐惧笼罩了我内心的一切，即便全场至少有 20000 双眼睛在盯着我，我也以为这不会有人看见。"当几乎全世界都在对苏亚雷斯口诛笔伐，谩骂、挖苦、嘲笑声不断时，巴塞罗那队签下了他。

　　在 2014 年的自传中，苏亚雷斯毫无保留地表示了自己对巴塞罗那队的热爱："我深爱着我曾效力过的每一支球队，但我并不喜欢亲吻队徽，宣称加盟这支球队是我的梦想。不过在巴萨面前，我却抑制不住自己的情绪。在我小的时候，曾有一段被乌拉圭电视台采访的视频，我当时就说：'我梦想有一天加盟巴塞罗那。'最近有一个乌拉圭记者也提醒我，大概在我 18 岁效力民族队的时候，我总会背着一个印有巴萨队徽的灰色背包去训练。从前，每当前往索菲亚位于巴塞罗那的家，我们一起去现场看了很多比赛，每一刻都历历在目。"

　　除了锋线人才的产出，乌拉圭足球在 21 世纪的反弹也离不开一位功臣——国家队主教练奥斯卡·塔巴雷斯。许多球迷应该还记得 2018 年俄罗斯世界杯八分之一决赛乌拉圭对阵葡萄牙的比赛中，卡瓦尼打进制胜一球时，场边年迈的拄着拐杖的塔巴雷斯挣扎着起身庆祝的一幕。这一场景令人动容，也让人真切感受到足球的魅力，它不仅仅是一项体育运动，更代表着许多人的信仰与追求。早在 2016 年美洲杯期间，人们就发现塔巴雷斯的出现总是离不开手中的拐杖，腿脚也似乎不再麻利，这是因为他罹患了格林巴利综合征，也就是我们熟知的"渐冻症"，这导致他肌肉萎缩、神经紊乱，只能拄着拐杖，一瘸一拐地行走，而就是在这并不气宇轩昂的步伐间，我们看到了乌拉圭对足球的坚持。

20 世纪前半叶的乌拉圭足球可谓风光无限，但受多重因素的影响，此后，即便涌现出弗朗西斯科利、雷科巴（Alvaro Recoba）和苏亚雷斯这些名噪世界的球星，乌拉圭足球也沉沉浮浮、飘忽不定，但这一切随着主帅塔巴雷斯的回归逐渐走上了正轨。生于 1947 年的塔巴雷斯早年曾当过小学老师，也曾是一名专业的足球运动员，但一直在南美的小俱乐部里效力，表现平平。从 1980 年起，他开始从事足球教练一职并崭露头角。1987 年塔巴雷斯率佩纳罗尔队夺取了南美自由者杯的冠军；1988—1990 年间他担任乌拉圭国家队主教练，带队参加了1990 年意大利世界杯并顺利打入 16 强。之后他辗转于南美洲及欧洲其他国家的多家俱乐部执教，直到 2006 年，在乌拉圭足球的低谷时期（当年乌拉圭并未晋级世界杯），他临危受命，回到了国家队。2010 年南非世界杯时，塔巴雷斯称："我们是带着整个国家的骄傲来到南非的，我们要向全世界展示一个全新的乌拉圭。"这一年，他们夺得了第四名的好成绩。

塔巴雷斯曾说过，在足球领域，也有第一世界和第三世界，在引领乌拉圭足球不断前进发展的道路上，人口基数不足带来的人才青黄不接一直是他们最为担心的问题。在《足球经济学》(Soccernomics)一书中，体育经济学家西蒙·库珀(Simon

Kuper)展示了一个国家的足球成就与其人口、人均收入及足球经验这组因素的关联程度。不管是德国、法国、意大利、西班牙，还是巴西、阿根廷，曾夺得世界杯冠军的这几个国度皆人口众多、足球底蕴丰厚且人均收入相对较高。但是乌拉圭恰恰成为这项研究中的另类典型，即使足球底蕴与人均收入也还说得过去，但人口仅350多万的乌拉圭无论如何也不像是可以成为一个足球大国的国家，在西蒙·库珀看来，"乌拉圭足球经验再丰富，也已无法抵消其在人口方面的劣势"。塔巴雷斯对这一点最为清楚不过，对此他说："就总人口而言，德国的足球运动员是我们的3倍。当我们培养出1名球星的时候，巴西可能已经出了20名，而阿根廷也可能有10名。所以，我们必须采取与众不同的方式。"

塔巴雷斯口中"与众不同的方式"其中之一就是大力培养青年球员，完善青训制度。在2006年接手国家队时，塔巴雷斯就一并接受了乌拉圭所有年龄段球队的规划。在有序规范的各级青少年足球建设中，他还牵头制订了"天蓝计划"，旨在甄选有天赋的年轻球员，通过各年龄段的国家队比赛来培养锻炼。此外，乌拉圭还大力支持球员出国踢球以获取经验。"我希望我的球队既老练又年轻。"塔巴雷斯曾经不止一次说过这样的话，"从我开始组队那一天开始，我们就渴望成功。我们这支队伍会一直补充年轻球员，他们在二十二三岁的时候就开始为国家队效力了，现在大多在海外踢球，尤其是在高水平的联赛中踢球，这让他们成长得更快"。现在乌拉圭足球外流的职业球员人数早就超过了200人，这个历史纪录还在被改写着，如今的乌拉圭队正在享受着高水平联赛带来的优势。

当2016年塔巴雷斯被确诊患上格林巴利综合征时，人们一度认为他不会继续担任乌拉圭主教练,但他奇迹般地归队;2018 年俄罗斯世界杯时,71 岁的塔巴雷斯已经是场上 32 强队伍中最年迈的教练了;当人们认为这是他执教的最后一个世界杯时,2018 年塔巴雷斯又与乌拉圭足球协会续约,将合同延长到了 2022 年卡塔尔世界杯,乌拉圭足球的铁血精神在这位老人身上也得到体现。

对于人口超过 14 亿的我们来说,最大的好奇恐怕还是"为什么":到底为什么这样一个小国的足球能够有如此发展? 曾有学者详细分析了乌拉圭足球得以发展的内外部因素。其中外部因素有优良的政治经济环境和发达的文化教育事业。良好的社会保障、较高的人民生活水平、较稳定的政治局面及发达的文教体系,尤其是对足球大为重视的教育体系,为乌拉圭足球的发展提供了前提保障。此外,全民足球战略导向、职业联赛本土打造、足球对外交往等内部因素是推动乌拉圭足球发展的重要因素。乌拉圭业余比赛中注册的球员总数为 21.5 万人,职业联赛层面注册的球员为 3000 人,这些人大都处于 0—34 岁的年龄段,而这个年龄的总人口大约为 160 万。也就是说,在乌拉圭 0—34 岁这个年龄段,平均每 100 个人里面就有 13—14 人是正规注册的业余球员或职业球员,这还没包括未注册及超龄的人。乌拉圭足协也对业余足球和职业足球进行分类管理:业余层面包括儿童组(5—12 岁)、青年组(13—20 岁)、沙滩足球、室内足球、女子足球、高中和大学联赛等分支,每个分支都遍布各类足球俱乐部,每年会有固定的比赛。在职业层面,乌拉圭甲级和乙级联赛总共有 30 支职业俱乐部,会选拔球员进入他们的 U14、U15、U16、U17 和 U20 梯队,相较于业余层面的广覆盖,职业层面强调精英化。

除文章中提到的几项因素外,弥漫于整个社会中的浓厚的足球氛围及国民对本国足球的高度认同感是不能忽视的一个重要原因。乌拉圭作家加莱亚诺在《足球往事》(*El fútbol a sol y sombra*)一书中说:"乌拉圭没有历史,它只有足球。"他这样形容乌拉圭人对足球的痴迷:"人人都觉得自己是战术大师,每一次国家队的比赛,无论对阵哪一支球队,整个国家都会屏住呼吸。政治家、歌手和街头的小商贩们闭上了嘴巴,情人也停止了爱抚,就连苍蝇都不能够再飞行。"作家贝内德蒂也曾说过:"多亏了足球,乌拉圭人才为世界所熟知。足球不仅赋予了乌拉圭巨大的影响力,还塑造了其个性与灵魂。"

2018年,乌拉圭足球协会曾邀请共和国大学共同开展一项调查,即"足球在乌拉圭社会中意味着什么",为此3位社会学家、1位心理学家和1位经济学家成立了调查小组,就这个问题进行了研究并将研究结果汇总发表了报告《足球在乌拉圭社会中意味着什么》。根据调查研究,53％的民众认为最能代表乌拉圭的就是足球,没有其他活动能像足球一样给乌拉圭带来如此的回报与声望。"世界认识我们、钦佩我们、批评我们、害怕我们、尊敬我们、质疑我们首先都是因为足球,是足球让我们感受到我们存在于这个蓝色的星球。"大约有44％的国民认为足球在他们的生活中占据了一个非常重要的位置,仅次于家庭、健康和金钱,这一比例略高于把政治置于这一重要位置的人(40％)。74％的民众认为现在的乌拉圭国家队带给他们极大的荣誉感,72％的民众表示只要有乌拉圭国家队的比赛他们就一定会在电视或网络上观看。很多人表示是足球把所有乌拉圭人紧密联系在一起。调查组负责人之一菲利普·阿罗森纳(Felipe Arocena)总结说:"足球是乌拉圭人不重要的事情中最重要的事。国家足球队是祖国一般的存在,是我们在这个世界上最重要的外交使节。20世纪初,在某种程度上是足球建立了我们的国家认同,也正是通过足球,乌拉圭这一国家概念开始在人们心中发芽。没有足球的话,乌拉圭不会是现在这个样子,它是今天乌拉圭的核心部分。"

下篇 天涯若比邻

中国与乌拉圭——日益密切的新朋友

我国与乌拉圭于 1988 年 2 月 3 日正式建立外交关系。中国在乌拉圭首都蒙得维的亚设立大使馆,乌拉圭在北京设立大使馆,并在中国香港设立领事馆。建立外交关系后,两国关系进入友好合作阶段。但实际上,中乌建交之路并不是一帆风顺的。新中国成立之初,正值冷战格局形成之际,中国和乌拉圭分属以苏联、美国为首的两个阵营,囿于国际格局和自身国际地位,中乌双方在各自对外战略中都处于边缘地位,在某种程度上可以说是无足轻重。因此,在冷战结束前后的很长一段时间内,中乌关系以建立和发展政治关系为主要目标。

在推动中国和乌拉圭两国正式建立外交关系方面,于 1985—1990 年、1995—2000 年两次担任乌拉圭总统的胡里奥·马利亚·桑吉内蒂作出了很大贡献。在第一个任期内,他促成了中国和乌拉圭两国建交。当时乌拉圭许多主流媒体如《国家报》(*El País*)、《日报》(*El Diario*)、《早报》(*La Mañana*)等都不看好与中国建交,认为应该继续与中国台湾地区保持关系,但当时的政府坚持认为必须与中国台湾地区断绝关系并与中国建交,因为中国正在飞速崛起,发展势不可挡。历史与事实证明,桑吉内蒂是正确的,他的政治眼光与勇气为中乌发展打开了新的局面。

桑吉内蒂回忆这段历史时说道:"1988 年,在我的第一届总统任期内,目睹遥远的中华人民共和国已在东方崛起,而乌拉圭却还停留在只承认中国台湾地区却忽略中国大陆的状态,感到很不正常。尽管中国当时没有现在这么强大,但我看到了它的历史重要性和发展前景。乌拉圭与这个伟大国家没有外交关系是反常之态。当时中国台湾地区在南美的势力很强,特别是在乌拉圭议会中有重要的影响,许多议员都访问过中国台湾。我提出想与台'断交'的议案,立即遭到强烈反对。但我们冲破阻力,想尽办法,最终做通大多数议员的工作,终于在 1988 年与中国正式建交。"①

　　建交后两国的贸易往来随即频繁起来,同年 11 月,桑吉内蒂与几位部长率代表团前来中国进行了访问。对于这次访问,桑吉内蒂印象非常深刻,尤其是与邓小平的会谈,对此他回忆说:"1988 年,我与邓小平的会晤具有历史意义。邓小平是具有杰出历史眼光的政治家,也是乌中两国建交这一历史事件中的重要人物。……'中国速度'一直令我关注。我认为,中国就要变成能够平衡世界的重要角色了。只要走上乌拉圭街头,马上就能看到中国生产的摩托车、小汽车和各种商品。中国在经济上的巨大成就,已经构成 20 世纪世界图画中的最大幅面。"②

　　除桑吉内蒂外,另一位乌拉圭总统穆希卡也对自己与中国领导人间的会谈记忆犹新,感触颇多。穆希卡正式对中国进行国事访问是在 2013 年,但早在 20 世纪 60 年代,他就曾到访过中国,并与国家主席毛泽东进行过会面。1962 年,当时 27 岁的穆希卡还是乌拉圭图帕马罗斯游击队(乌拉圭左翼游击队)的领导人,以拉美 12 国学生组成的代表团成员身份赴苏联,为举

　　①　余熙:《约会乌拉圭:"南美瑞士"的闲适故事》,世界知识出版社 2011 年版,第 131 页。
　　②　余熙:《约会乌拉圭:"南美瑞士"的闲适故事》,世界知识出版社 2011 年版,第 131 页。

办世界性大会做准备。在即将离开莫斯科、返回拉美之际，中国政府向他们发出了访华邀请。到达北京以后，代表团的学生代表都表示希望能与毛泽东主席会面。

穆希卡称之为"这辈子无法抹去的记忆"，他回忆道："毛泽东就像我们自家的爷爷一样，对我们代表团每一个年轻人都非常尊重，非常亲切，同时对我们正为之奋斗的拉美人民解放运动的未来，抱有坚定的信心。……毛泽东接见我们的地点，就在中南海他的书房。啊，他竟有那么多的书！若干年后，我又一次被震惊了——我从电视里看到，美国基辛格在中国受到毛泽东接见时，恰好也在这同一间书房。基辛格后来在书中对毛泽东书房的描写，与我所见完全一样！我能见到毛泽东主席，令我对中国怀有很强烈的亲切感。我对中国除了亲切，还是亲切。从中国回到乌拉圭以后，我对中国和中国文化产生了很多兴趣，常常会抽出时间阅读孔子的文章，尝试品味理解中国文化的精髓。我的心中常会萌生疑问：为什么中国人会这样或那样办事？这些年来，我通过不断了解中国的历史和文化，慢慢知道了中国是怎样成为世界的中心的。"①

在桑吉内蒂的推动下中乌正式建交，自此以后，两国关系发展顺利。乌拉圭坚决奉行一个中国政策，两国高层往来频繁，在国际事务中相互理解和支持，中乌关系不断取得进展。2008年全球金融危机爆发后，中国成为世界经济增长的主要稳定器和动力源，中乌经贸也实现了跳跃式的加速发展。双方在各自对外战略中的地位与日俱增，目前双方关系的发展不再仅限于政治、经贸关系，而向着政治、经贸、社会、人文、国际协作、

---

①　余熙：《约会乌拉圭："南美瑞士"的闲适故事》，世界知识出版社2011年版，第122页。

安全等领域全面发展,合作形式从双边关系向整体合作迈进。2014 年 7 月,习近平主席访问拉美期间,中国与拉美国家正式建立了以中国-拉丁美洲和加勒比国家共同体为重要平台的"全面合作伙伴关系"。2016 年 10 月,巴斯克斯总统访华,两国宣布建立战略伙伴关系;2018 年 8 月,中乌签署《中华人民共和国政府与乌拉圭东岸共和国政府关于共同推进丝绸之路经济带和 21 世纪海上丝绸之路建设的谅解备忘录》(下文简称《谅解备忘录》),乌拉圭成为第一个与中国签署"一带一路"倡议的南方共同市场①国家,成为"一带一路"倡议的参与者与积极推动者。现在中国和乌拉圭已经形成不可或缺的战略伙伴关系。

从中乌正式建交到两国签订"一带一路"《谅解备忘录》也才仅仅过去了 30 年,这 30 年间,双方领导人间一次次的互访不断加深了两国之间的情谊与了解。中国的国家领导人曾多次到访乌拉圭,乌拉圭领导人也多次访华。

1988 年,时任乌拉圭总统桑吉内蒂访华,他是中乌建交后第一位访问中国的乌拉圭总统。临行时,桑吉内蒂总统对新华社记者表示,此次中国之行的目的在于进一步密切乌中关系。双方签署了 4 个文件——《中乌政府关于双方互免签证的协议》《中国政府向乌拉圭政府提供贷款的协议》《中乌政府文化教育合作协议》《中乌两国政府关于动植物卫生领域进行合作的谅解备忘录》。1993 年,时任总统拉卡列·埃雷拉访华,中乌签署双边投资保护协定——《关于鼓励和相互保护投资协定》。同年,副总统兼国会主席、参议长阿吉雷(Gonzalo Aguirre)访华。1997 年,总统桑吉内蒂再次访华,登临长城并引用毛泽东的诗词"不到长城非好汉"。1998 年,副总统巴塔利亚(Hugo

---

① 南方共同市场,是南美地区最大的经济一体化组织。

Batalla)访华。1999 年,参议长法因戈德(Hugo Fernández Faingold)访华。2000 年副总统耶罗(Luis Hierro López)访华。2002 年,何塞·巴特列(Jorge Batlle)总统访华,双方签署了一系列合作协议,包括《中华人民共和国教育部与乌拉圭东岸共和国教育部关于教育领域合作的谅解备忘录》《中华人民共和国政府向乌拉圭东岸共和国政府提供一批机械设备的换文》《中华人民共和国农业部与乌拉圭东岸共和国牧农渔业部渔业合作和水生生物资源合作协议》等文件,同意加强在联合国和国际事务中的磋商与协调,以推进世界的和平与发展事业。2003 年 2 月,中乌两国庆祝建交 15 周年。随后,中国外交部部长唐家璇与时任乌拉圭外长奥佩蒂(Didier Opertti Badán)互致祝电。两国外长对过去两国关系的发展表示满意,特别是对两国在贸易、文化和技术领域所取得的进展。乌方表示有意进一步扩大双边关系。2006 年乌拉圭议会成立乌中议员友好小组。2008 年十一届全国人大成立中国-乌拉圭友好小组。除互设大使馆外,乌方在上海、广州和重庆设有总领事馆,在香港委派有名誉领事。2009 年 3 月,总统巴斯克斯访华,双方一致同意,进一步推动中乌长期稳定、平等互利的友好合作关系,共同开创两国关系新局面。双方签署了《中华人民共和国政府与乌拉圭东岸共和国政府关于贸易和投资合作谅解备忘录》,乌拉圭承认中国完全市场经济地位。2009 年 5 月,乌拉圭众议院议长阿雷吉在宴请中国驻乌拉圭大使李仲亮时表示,中国有着悠久的历史文化,30 年来取得了巨大的经济成就,特别是中国成功地将社会主义与市场经济相结合,这是一个伟大的创举,中国未来发展前景十分广阔。2009 年 10 月,乌拉圭执政党广泛阵线全国政治局一致通过中华人民共和国成立 60 周年声明,高度赞扬中国取得的成就,支持中国政府和中国共产党为维护国家主权、领土完整所做的努力,并支持一个中国的原则。2010 年 9 月,乌拉圭议会对华友好小组成立,乌拉圭副总统兼国会主席阿斯托里(Danilo Astori)出席成立大会。2013 年,总统穆希卡访华,双方一致同意,加强全方位交往,保持高层接触,密切立法机构、政府、政党往来,积极开展治国理政经验交流,巩固和深化政治互信,双方签署了经贸、教育、信息通信等领域双边合作文件。2014 年 9 月,乌拉圭总统穆希卡做客中国驻乌拉圭大使馆,高度评价乌中关系发展现状,表示乌拉圭愿意与中方一道,努力推动乌中关系、拉美整体合作全面持续深入向前发展。2015 年,外长阿尔马格罗(Luis Almagro)访华。2016 年,巴斯克斯总统再次访华,双方发表了《中华人民共和国与乌拉圭东岸共和国关于建立战略伙伴关系的联合声明》,两国签署了外交、文化、教育、工业、农业、能源、旅游等领域的双边合作文件,签署了中乌自由贸易协定,乌拉圭坚决支持"一个中国"政策,在中国台湾不设立任何办事处。

　　2018 年 2 月,两国建交 30 周年,中国国家主席习近平和乌拉圭总统巴斯克斯互致贺信,祝贺中乌两国建交 30 周年。2018 年 8 月,乌拉圭外长尼恩(Rodolfo Nin Novoa)访问中国,双方签署了共建"一带一路"及服务贸易协议等合作文件,深化了中乌经贸关系,进一步拉近了南方共同市场同中国的关系,使乌拉圭成为南美同中国交往合作的枢纽。2020 年 9 月,国家主席习近平同乌拉圭总统路易斯·拉卡列·彭恩通电话,双方同意发挥两经济互补性,深化两国关系,加强两国农产品、基础设施、科技创新等领域合作,以联合国成立 75 周年为契机,坚定支持国际关系民主化和经济全球化。

　　2021 年,正值中国共产党迎来百年华诞之际,乌拉圭广泛阵线党主席哈维尔·米兰达(Javier Miranda)接受了新华社的采访,他说:"中国取得的成就是个奇迹,更是中共长期规划,不懈努力的结果。七亿多人民摘掉了极端贫困的帽子,眼下的中国正处在人民告别贫困,经济飞速发展的阶段。中国共产党有个特点是能自我革新,这是她能走过百年历程的一个原因。中共开启的进程未有先例,所以其开端就是革命性的。时至今日,中共仍然发扬革命精神,为人民福祉不断寻求自我变革。政治就是要为人民服务,与人民在一起,而中共将这一宗旨贯穿伟大中国的发展进程。"①同时,米兰达还就中国在疫情期间表现出的大国风范给予了高度赞扬,为中国对整个人类健康事业做出的贡献而赞叹不已。2021 年中国两会期间,海外网推出了"驻华大使看两会"系列访谈,其中第九期就是对乌拉圭驻华大使费尔南多·卢格里斯(Fernando Lugris)的专访。卢格里斯表示:"我们都期待看到中国走好自己的发展道路,继续扮演全球经济增长引擎的角色。"同时他也认为,两会的召开及其带来的成果无疑会为中国和乌拉圭的交流发展带来新的机遇,中国将科技置于发展的重要位置,卢格里斯从中看到了两国加强科技合作的广阔空间。

除政府高层之间的政治往来外,中乌两国在经济层面的交流也日益频繁,中国在乌拉圭外贸领域的重要性越来越突出。2020 年"双十一"购物狂欢节期间,有些人也许会记得一位外国友人在直播带货,这个人正是乌拉圭驻上海领事馆总领事莱昂纳多·奥利维拉(Leonardo Olivera)。当时他亲自上阵,进行乌拉圭牛肉带货直播,15 分钟内竟然有近 130 万人次关注,奥利维拉总领事直呼"太奇妙了"。在电商经济飞速发展的今天,

---

① 《全球连线:"对中国的那次访问令我毕生难忘"——访乌拉圭广泛阵线党主席米兰达》,http://www.xinhuanet.com/world/2021-07/14/c_1127653170.htm,2021-07-14。

乌拉圭也积极融入本土经济模式,寻求打开中国市场的新途径。早在2019年,乌拉圭驻上海总领事馆就与天猫喵鲜生合作,将一位主播请到领事馆做线上直播,推广乌拉圭产品,短短30分钟,就有10万人次关注。2020年初,乌拉圭驻上海总领事馆再次与天猫喵鲜生合作,举行了"寻鲜乌拉圭巅峰厨艺大赏"乌拉圭牛肉推介活动。此外,在2020年9月的中国国际食品和饮料展览会上,乌拉圭国家肉类协会(INAC)举办了乌拉圭牛肉、红酒品鉴活动。

作为一个人口约350万的南美小国,乌拉圭的政治、经济、社会和民生发展却居于世界中等地位、拉美地区中上游水平,这主要归因于近年来乌拉圭政府对内实行的自由市场经济政策及对外坚持的经济一体化。特别是2015年乌拉圭总统巴斯克斯执政后,通过实施稳健的经济政策,稳步调整经济结构,严格控制财政支出,推动基础设施建设及扩大吸引外资力度,使乌拉圭经济保持了稳定增长。

中乌建交后,两国经济关系不断发展。1990—2000年,中国向乌拉圭的出口金额从5.4百万美元增加到243百万美元;从乌拉圭的进口金额从65.8百万美元增长到101.3百万美元。2000—2006年,中国与乌拉圭的经济关系进入快速增长时期。中国向乌拉圭出口金额增加到了402.6百万美元;从乌拉圭的进口金额增加到270百万美元。2006年,中国成为乌拉圭第四大进口国。在此期间,中国对乌拉圭的直接投资也有所增加。2008年末,中国的奇瑞汽车公司通过与阿根廷及乌拉圭的企业合资的形式,开始在乌拉圭生产汽车。

2008年,爆发全球性金融危机。为应对金融危机的影响,中乌两国政府签署了贸易协定,协定涉及技术、水利系统和体育等多领域。到2010年,两国的贸易水平逐渐恢复到金融危机前的水平。

2012 年,中国首次超过巴西成为乌拉圭第一大贸易国。2013 年 5 月,两国制定了五年双边贸易计划。2013 年 6 月,双方开始落实合作计划,进一步深化有关基础设施方面的合作,中国公司将协助乌拉圭修建铁路以及港口建设。

2016 年 10 月 12 日至 20 日,乌拉圭总统巴斯克斯对中国进行了国事访问。在此期间,巴斯克斯表示作为南方共同市场的一员,乌拉圭非常希望在该框架下与中国商签自贸协定。两国元首会谈后,双方发表了《中华人民共和国和乌拉圭东岸共和国关于建立战略伙伴关系的联合声明》。自提出之日起,这一计划就得到了持续的关注与推进。访华后不久,巴斯克斯于同年 10 月 25 日访问阿根廷(同为南方共同市场成员国),在此期间,他表示乌拉圭将尽快与中国开启双边自由贸易协定谈判,并争取早日与中国签订自贸协定,并表示乌拉圭愿意作为自贸谈判的先行者,在南方共同市场框架之外,与中国首先完成自贸协定谈判。2018 年 1 月 24 日,中国外交部部长王毅在蒙得维的亚与乌拉圭外长尼恩共同会见记者时,也就中乌商签双边自贸协定发表了看法。王毅表示,国与国之间商签自贸协定,顺应全球化潮流,符合历史前进方向,有利于捍卫多边贸易体制,有利于促进各国经济发展。中国愿与乌拉圭等南方共同市场国家有序探讨自贸协定的商签工作。在两国的共同努力下,这一计划有了新的进展。2022 年 7 月 13 日,乌拉圭总统路易斯·拉卡列·彭恩召开新闻发布会,宣布中国与乌拉圭已经顺利完成自 2021 年 9 月启动的中乌自贸协定联合可研,并称两国将尽快推进双边自贸的正式谈判。第二天(2022 年 7 月 14 日),中国商务部举行例行新闻发布会,新闻发言人在会上确认了这一消息,并称双方将继续积极沟通,探讨推进下一步中乌自贸合作事宜,进一步提升两国经贸合作水平。

　　自贸协议的签订对中国和乌拉圭来说都意义非凡。以肉类出口为例,中国目前已成为乌拉圭肉类出口的主要目的地,2021 年 1 月至 2021 年 12 月,乌拉圭出口中国的牛肉、羊肉、内脏和副产品占全国肉类出口总值的 60%。与此同时,中国进口乌拉圭肉类没有关税优惠,关税总额在 2013—2020 年间增长了 166%,2021 年关税总额达到了 1.88 亿美元。(如进口乌拉圭牛肉需要缴纳的关税为 12%,而与中国签订了自贸协定的澳大利亚和新西兰则享受 3.3% 和 0% 的关税)。自贸协议的签订一方面大大降低了中国进口乌拉圭肉类产品的关税额;另一方面乌拉圭的肉类产品也将在中国进一步取得竞争优势,双方互惠互利。①

　　但是,乌拉圭的这一举措似乎违背南方共同市场的规定。按照协议,南方共同市场禁止成员国在未经其他国家批准的情况下签订外部协议,即成员国必须共同与第三方谈判,签订贸易协议。南方共同市场的其他成员国对中国与乌拉圭启动自由贸易协定谈判的态度不一,其中阿根廷明确持反对意见。对此,拉卡列表示乌拉圭拥有"属于南方共同市场一员"的"历史性使命",但乌拉圭也在寻求新市场,他曾表示"我们打算做的第一件事是与南方共同市场对话,看看我们是否继续在一起,但如果有需要,乌拉圭会单独行动"。业内人士表示,中国和南美国家已经更加重视对方,开始积极寻求加强双方关系。中乌关系的发展,就是中国与南美国家合作关系持续深化的最新体现。这种合作不仅会帮助乌拉圭,也会给其他南美国家以动

---

　　① 《中乌自贸协定联合可研已顺利完成! 12% 进口牛肉关税可望减免!》。http://www.fzccpit.org/2022-07/22/content_31090549.htm,2023-01-16.

力,从而促进多边关系的良性发展。乌拉圭商业投资顾问尼古拉斯·桑托(Nicolás Santo)也在乌拉圭的《国家报》上撰文对此发表了自己的观点,他认为:"乌中自由贸易协定将有助于乌拉圭的贸易转向亚太地区,一旦成功签订,会是乌拉圭的一个历史性事件,改变乌拉圭一直以来优先考虑与邻国和北大西洋国家的商业关系的传统。"他还指出,中国的崛起是当今和未来至少 30 年里最重要的地缘政治现象,无论最终乌拉圭和中国是否能够签订自由贸易协定,乌拉圭都应该借助中国的机遇,促进自身的发展。

2017 年,乌拉圭对中国出口总额为 25 亿美元,主要为原材料,进口总额为 17.04 亿美元,主要是工业制成品。2017 年双边贸易总额为 296.1 亿美元。

到 2020 年,中国是乌拉圭最大贸易伙伴、第一大出口市场和第二大进口来源地。中乌贸易额达 40.7 亿美元,其中,中方出口 17.1 亿美元,中方进口 23.6 亿美元,中国对乌主要出口服装鞋类、纺织品、化学产品和汽车等,自乌拉圭主要进口牛肉、大豆、纸浆等商品。值得一提的还有羊毛。羊毛及其产品一直是乌拉圭对中国的主要出口产品,主要有 2 个品种——高附加值的羊毛产品和低附加值的羊毛原产品。根据 2021 年的最新数据,乌拉圭约有 641.9 万只绵羊,平均每人约有 2 只绵羊,且品种繁多。推动乌拉圭羊毛出口中国可以说是自中乌建交后两国政府就非常重视的一项议题,我国驻乌拉圭前大使汤铭新就曾回忆道,我国驻乌拉圭大使一贯有"羊毛大使"的雅号。建交后不久,在我国政府的协调推动下,当时乌拉圭总统桑吉内蒂曾亲自访问恒源祥集团,还与张家港市羊毛加工企业的代表进行了交流商议,最后达成了增加乌拉圭羊毛进口品种和加工生产合作供销全国的协议。中国现在是乌拉圭羊毛最大的进口市场,占据了乌拉圭羊毛及其加工制品全部出口的将近 50%。上海恒源祥集团对乌拉圭羊毛的使用量则已占乌拉圭羊毛总产量的 15%,成为乌拉圭在世界各地的客户之首,因而获得了"羊毛大王"的美称。

截至 2020 年底,乌拉圭在华实际投资 5655 万美元;中国对乌拉圭直接投资存量为 4.4 亿美元,主要投资领域为制造业、农业等。中国企业在乌投资和参与项目合作数量也与日俱增。现在有 10 家中资企业在乌拉圭注册,分别是中远海运集运(乌拉圭)有限公司、华为技术有限公司乌拉圭分公司、新大洲集团、中兴通讯乌拉圭分公司、力帆乌拉圭公司、中检集团溯源南美技术服务股份有限公司、中交上海航道巴西海事服务有限责任公司乌拉圭分公司、中铁国际集团有限公司、东方阿尔法公司和中进港务有限公司。在乌中资企业守法经营、努力开拓,为乌拉圭经济社会发展和中乌务实合作做出了积极贡献。

现如今,乌拉圭仍然非常重视与中国的贸易伙伴国关系,也在不断努力加深与中国的商贸往来。2021 年 9 月,乌拉圭驻华大使馆还与中国产业海外发展协会联合主办了"中国-乌拉圭投资合作新机遇——聚焦新能源、新技术"国际研讨会。受疫情影响,此次会议采取线上视频的方式进行。参加此次研讨会的有乌拉圭 21 世纪投资和出口促进局与 100 多名中方企业和金融机构的代表,双方就中资企业赴乌投资兴业进行了交流。会上,乌拉圭驻华大使卢格里斯邀请中国企业投资拉美,并特别强调了两国在绿色发展、可持续发展、清洁能源等领域的合作,希望中乌两国能在氢能源合作方面有更多的对话和沟通。

中、乌两国在文化方面也从未停止交流互动。2013 年,乌拉圭总统穆希卡对中国进行国事访问时,在北京外国语大学发表了题为《拉丁美洲视角下的乌拉圭》的演讲,提出中、乌两国关系不能仅限于贸易领域,应当促进文化的交流。在演讲中穆希卡还表达了想要在乌拉圭建立一个孔子学院的愿望,并强调"我们需要了解中国,了解这个地区的国家"。中国人可以了解堂吉诃德等西语文化中的人物,乌拉圭人也可以了解中国的孔子。他说:"因为当今世界需要更多的多样性,需要对于不同文明的尊重……中国和乌拉圭地理位置比较遥远。经济上的互补性使得我们乌拉圭人民应当与中国人民走得很近,我们需要与亚洲人民走得更近。"

穆希卡总统访华后的第 4 年,他的这个愿望实现了。2017年 11 月 29 日,由乌拉圭共和国大学和中国青岛大学共建的孔子学院在乌拉圭首都蒙得维的亚正式揭牌成立。山东省青岛市在 2004 年与乌拉圭首都蒙得维的亚市结为友好城市,双方在经贸、文化、教育等方面开展了一系列交流合作活动。早在2016 年巴斯克斯总统访华期间,两国宣布建立战略伙伴关系之时,共和国大学就已经决定在乌拉圭开办孔子学院,共和国大学校长罗伯特·马尔卡里安(Roberto Markarán)在 2017 年来华访问时说:"乌拉圭和中国的战略合作不仅仅表现在政治和经济方面,而且要表现在促进两国人民之间的人文交流方面……希望乌拉圭孔子学院不仅仅只是教授中文的场所,更是了解中国文化和乌中人文合作的平台。"

现在乌拉圭蒙得维的亚的孔子学院不仅仅是一个汉语言学习中心,更是一个传播中国文化,增进中国和乌拉圭在教育、文化方面的交流与合作的重要平台。除了面向社会公众的课程外,还为大学人文和教育学院的学生及政府机构的工作人员提供其所需要的课程。此外每年还会组织各种各样的活动,如展览、讲座、研讨会、竞赛、节日欢庆会、赴中国参加夏令营等,以增进乌拉圭人对中国文化的了解。在孔子学院的官方网站首页上,可以看到各种推广中国文化的活动信息,如"书法及国画工坊""围棋工坊""中国古代神话传说""太极气功研讨会"等。

其实,在乌拉圭首都蒙得维的亚最贫穷落后的卡萨巴列区(Casavalle),有一所以"中国"命名的小学。这所创建于 1999 年的小学原名"319 小学"(Escuela N° 319),乌拉圭政府在 2004 年正式将其更名为"中华人民共和国 319 小学"(Escuela N° 319 "República Popular China")。从此,这所小学与中国开始了不解之缘。中国政府先后为学校援助了电脑等教学设备,孔子学院的中国志愿者也来到这里,在学校开设了中文和中国文化课程,开展书法、剪纸等教学活动,增进了中乌双方文化教育的交流互鉴。2019 年,在中国政府的主要出资帮助下,中国驻乌拉圭大使馆与乌拉圭国家公立教育部门一同商定了学校的翻新重建工作。重建后,学校教学条件有了很大改善,课程设置也更加丰富。教室数量达到了 12 间,此外还有各种活动、体育、办公、就餐等区域。2020 年 3 月,新学校正式投入使用,共接收了 360 名学生。乌驻华大使卢格里斯非常感谢中国对乌教育事业做出的贡献,他说:"在卡萨巴列,当孩子们看到新的校舍,他们相信会有更好的未来等着自己,中国援助给孩子们带来了希望。"

与此同时,2018 年 4 月 23 日,正值中乌建交 30 周年之际,北京交通大学成立了我国首个乌拉圭研究中心。该中心旨在通过对中乌关系,以及乌拉圭政治、经济、文化、对外关系等领域的研究,共商合作、共建平台、共享资源,为中乌关系增添新的活力,成为中乌两国民相亲、心相通的桥梁。为支持、推动研究的进行,北京交通大学设立了"乌拉圭研究"专题项目,并于

2020年出版了两部著作——《如此乌拉圭》和《乌拉圭:钻石之国的历史与文化》。这两部作品分别从文化和历史角度出发,对乌拉圭的城市、风俗民情、美食、文学、足球及历史发展、社会经济等方面进行了介绍。2020年12月,乌拉圭驻华大使馆在微信公众号上重点推介了这两部作品,对其进行了详细介绍,并将其称为"北京交通大学与乌拉圭教育文化合作关系中的又一里程碑"。除这两部作品外,研究中心还整理发表了《乌拉圭东岸共和国近代史研究(一)》《乌拉圭东岸共和国近代史研究(二)》《乌拉圭东岸共和国近代史研究(三)》和《乌拉圭东岸共和国近代史研究(四)》四篇文章,向读者介绍了乌拉圭1828—2008年间的历史发展过程及重要事件。研究中心还陆续举办过乌拉圭电影展系列活动,播放了《婚姻》(*El casamiento*)、《阿妮娜》(*Anina*)、《驶向大海》(*El viaje hacia el mar*)等经典电影。各项活动的开展及成果的发布为我国民众了解乌拉圭的文化打开了一扇窗户,增进了两国人民的相互理解与认识。

近年来,中国和乌拉圭的文艺代表团曾多次互访,进行友好访问演出。我国的杂技、京剧、木偶等独具中国特色的艺术形式也走进乌拉圭,受到了当地民众的热烈欢迎与喜爱。值得一提的是,2019年,中国残疾人艺术团前往乌拉圭,在蒙得维的亚的索德耐尔·果提诺国家礼堂(Auditorio del Sodre Nelly Goitiño)为当地民众奉献了震撼人心的大型音乐舞蹈诗《我的梦》,曾在我国春节联欢晚会上引起强烈反响的《千手观音》再次在大洋彼岸震撼了乌拉圭人的心灵。在场的观众无不被艺术家们精彩的表演所折服、感动,演出结束后,全体观众起立向演员致意,掌声经久不息。可以说,这次表演不仅为乌拉圭观众带来了极大的艺术享受,让他们领略到中国传统舞蹈与乐器的魅力,还引发了他们的情感共鸣。

　　2020 年,孔子学院、共和国大学、蒙得维的亚旅游部门及艺术历史博物馆(Museo de Historia de Arte)联合举办了中国历史文物展览,于 2020 年 9 月 24 日—10 月 11 日期间在博物馆内展出了旅居乌拉圭的中国收藏家金铨的约 100 件展品,其中有古玉器、瓷器、香炉、唐卡、印章等独具中国文化特色的物品,向乌拉圭民众展示了我国的五千年文明。

　　除了悠久的传统文化外,中国也将自己充满现代感的一面展示给乌拉圭。2021 年,中国驻乌拉圭大使馆在乌拉圭举办了"中国智造"全国巡回图片展,以线上和线下相结合的方式向乌拉圭民众展出了智能通信、新能源、物联网等高新技术在人们日常生活中的广泛应用,呈现了中国创新、协调、绿色、开放、共享的发展理念。开幕式通过新媒体平台进行了直播,得到了乌拉圭民众的广泛关注。图片展的第一场在乌拉圭前总统府、蒙得维的亚"政府之家"博物馆举办,中国驻乌拉圭大使王刚,乌拉圭代总统、代副总统等乌政府官员以及多位友华人士出席。代总统阿希蒙(Argimón)在致辞中强调,中国的科技进步不仅成就了本国的发展,也造福了世界人民。"看过这些图片,我们知道中国的发展离不开科学技术的进步,中国在科技领域也取得了举世瞩目的成就。中国不仅通过这些成就造福了中国人民,还通过分享知识与技术,提高了世界人民的生活水平。"10 月 26 日,图片展来到了第二站埃斯特角城,12 月 3 日,图片展在罗恰省(Departamento de Rocha)开启了第三站,同样在当地引起民众的广泛关注。

　　与此同时,乌拉圭的多位吉他演奏家、钢琴家、女高音歌唱也曾应邀到访中国,进行友好演出。2016 年为"中拉文化交流年",来自拉丁美洲的 8 个艺术团体在开幕式上进行了表演,其中就有乌拉圭乔凡娜艺术团(Giovanna)。乌拉圭著名歌手、中拉文化交流年形象大使之一——乔凡娜也亲临现场演唱探戈名曲。此外,锦绣乌拉圭摄影作品展、中乌建交21周年文化交流绘画作品展、"东方探戈——乌拉圭探戈的三种形式"等文化展览也先后在我国举办。

2018年,为庆祝中乌两国建交30周年,中国美术馆、乌拉圭前哥伦布土著艺术博物馆和乌拉圭驻华大使馆共同主办了"乌拉圭的瓜拉尼艺术展"。瓜拉尼人是欧洲殖民者到达之前乌拉圭当地的土著族群之一,共有158件(套)瓜拉尼人的手工制品,包括雕塑、民俗艺术作品等被展出。中国美术馆馆长表示这次展览"充分展示了乌拉圭人民对生命亘古不变的赞美和对生活的高度热情,也为加强两国相互了解、增进友谊开拓了新的视野和路径"。

近年来,每年在乌拉圭首都蒙得维的亚都会举行庆祝中国春节的活动,通常都是在利博塞莱格尼广场(Plaza Líber Seregni)。活动期间,邮政局还会发布以中国生肖为主题的邮票。为庆祝新中国成立70周年,2019年7月5日,中国和平发展基金会和中宇力度文化有限公司共同发行了"'封'行万里不忘初心"之中国-乌拉圭纪念封。中国艺术家朱寿珍和乌拉圭艺术家古斯塔沃·费尔南德斯(Gustavo Fernández)共同创作了纪念封的主图"圭龙珍甲",它以中华龙文化为主题,融合太极形态和异域特色,是中、乌两国文化交流的杰出代表。费尔南德斯在采访时说:"我儿时就从书中读到过很多中国的故事,对中国的龙文化极为感兴趣。龙是中华民族的象征,海是乌拉圭的元素,龙从海里腾空而起,直上云霄,体现了两国文化的交流碰撞。"①纪念封寓知识性、艺术性、史料性于一体,承载着宏大的情怀,艺术家们以两国具有代表性的元素为创作灵感,记录下两国人民缔结的美好友谊。同年 12 月,刚刚上任不久的乌拉圭总统拉卡列在纪念封上留下了"祝我们两国之间的友谊万古长青"的手迹。

此外,中乌两国还有一系列文化交流合作活动,如 2018 年 10 月,驻乌拉圭大使馆举办的"东方人眼中的中国和乌拉圭"摄影展;2019 年在乌拉圭大使馆举办的"融合并置——乌拉圭及中国贵州艺术交流计划";2019 年在乌拉圭驻广州总领事馆举办的乌拉圭丹娜红酒周庆典之私人丹娜红酒品酒会;2020 年在重庆举办的"2020 乌拉圭、阿根廷、中国文化交流周";2021 年在清华大学举办的"唯物思维"中国-乌拉圭当代材料艺术交流展;等等。虽然乌拉圭是距离中国最遥远的国家之一,但这些形式多样、日益频繁的文化交流活动加深了中国和乌拉圭对彼此的了解,也拉近了两国人民的距离,可谓天涯若比邻。

中乌关系本会按部就班地朝着更加紧密、更加友好的方向慢慢前进。患难见真情,一场突如其来的疫情使得我们的情谊更加深厚。对于所有中国人来讲,2020 年的春节是难忘的,病毒来势汹汹,打破了昔日的生活与节日的欢庆气氛,但我们同样也看到不分昼夜的坚守奋战、五湖四海的驰援,感受到点点滴滴的温暖。乌拉圭是最早向中国表达声援和提供援助的拉美国家之一。2020 年 3 月 1 日,新一任总统路易斯·拉卡列·彭恩正式上任,他表示发展对华关系是本国外交优先方向,并代表乌方对中国人民抗击疫情表示慰问和支持;乌拉圭驻华大

---

① 《小小纪念封里的中拉友谊》,http://www.xinhuanet.com/world/2018-04/20/c_1122715963.htm, fecha de consulta,2021-06-06。

使费尔南多·卢格里斯还通过我国中央广播电视总台视频连线,向中国人民表达了问候。早在 2008 年汶川大地震时,乌拉圭政府就向中方捐赠了价值 10 万美元的净水设备。这一次,乌拉圭政府及拉瓦列哈省(Lavalleja)、派桑杜省、圣何塞省等友好省份和企业也纷纷解囊相助。乌拉圭副外长在捐赠仪式上表示,乌方的援助物资从数量上来讲或许微不足道,但这是乌拉圭政府和人民的一片心意,承载着乌拉圭政府和人民对中国政府和人民的友谊、慰问和声援。

2020 年 3 月 13 日,乌拉圭出现疫情。中国是首个向乌拉圭提供抗疫物资援助的国家。中国中央政府及重庆、广西、山西、江西、海南、四川、吉林、山东等地方政府和众多中国企业也纷纷慷慨解囊,万里驰援,谱写了一段"路遥情谊在,携手克时艰"的佳话。中国驻乌拉圭大使馆还主动与乌方分享"诊疗方案"资源库,并邀请乌方参加中国-拉美和加勒比国家专家视频交流会。

2020 年 9 月 9 日晚,习近平主席与乌拉圭总统拉卡列通电话时指出:"中方始终心系乌拉圭人民抗疫斗争。中国中央政府、有关省市、社会各界向乌方提供了抗疫物资援助,并分享防控经验。当今世界正经历百年未有之大变局,我们要本着推动构建人类命运共同体的理念,走团结合作之路。中方将继续同乌方开展抗疫合作,坚定支持世卫组织发挥领导作用,携手早日战胜疫情,共同推动构建人类卫生健康共同体。"①

起初乌拉圭在抗疫方面的表现称得上非常突出。2020 年 12 月,《自然》杂志选出 2020 年度科学十大人物,其中乌拉圭科

---

① 《习近平同乌拉圭总统拉卡列通电话》,http://www.xinhuanet.com/politics/leaders/2020-09/09/c_1126474286,2021-06-07。

学家冈萨洛·莫拉托里奥(Gonzalo Moratorio)是唯一入选的拉丁美洲人。莫拉托里奥在 2018 年才刚完成博士后的研究工作,2020 年才开始拥有自己的实验室,但在疫情暴发短短几个月的时间里,他就已经研究出可以独立完成病毒检测的系统。这在疫情初期是至关重要的,再加上政府的行动果断、迅速,乌拉圭医疗体系相对完善①,起初乌拉圭在疫情中的表现备受科学机构和卫生组织的赞扬。泛美卫生局(PAHO)疫情病例协调员西尔万·阿尔迪吉耶里(Sylvain Aldighieri)在 2020 年 7 月份的新闻发布会上表示:"乌拉圭是南美洲唯一一个最近几周发病率在稳步卜降的国家。"世界卫生组织(WHO)总十事谭德赛·阿达诺姆(Tedros Adhanom)在 2020 年 9 月还强调乌拉圭与该地区其他国家相比,取得了瞩目成就,"尽管美洲是受影响最严重的地区,但是,乌拉圭报告的病例和死亡人数,不管是总数还是人均数,在整个拉丁美洲都是最少的"。

　　病毒无情人有情,尽管乱云飞渡、惊涛骇浪,但"风雨同舟、守望相助"始终是中国和乌拉圭不变的承诺。

---

　　① 目前乌拉圭每 10 万人拥有的病床数为 20—21 张,与欧洲部分国家(德国每 10 万人拥有 28 张、意大利每 10 万人拥有 18 张)相差不远,甚至还超过了某些国家。

浙乌交往——海洋渔业的好伙伴

　　说起乌拉圭,普通的浙江民众可能会觉得这是一个遥远的国度,脑海中冒出的也许只有足球和牛肉,但是说起乌拉圭人,不少浙江人尤其是杭州市民都会感到心中一暖。这份温暖来自乌拉圭女孩玛丽亚·费尔南达(María Fernanda),她也被称作西湖救人"女侠"。2011年10月13日下午,西湖新天地和大华饭店之间,一名女士跳入西湖。当时,玛丽亚正好游湖至此,见到湖中有人,她马上脱去外衣跳入湖中,奋力把落水者往岸边拉。在保安的帮助下,落水者被救上了岸。在了解到女子身体状态并无大碍后,玛丽亚穿上衣服,转身便走,在场的人都想向她表示感谢,但她却悄悄离开了,连电话和姓名都没有留下。凑巧的是玛丽亚奋力下水救人的一幕被路过的杭州摄影爱好者用相机记录了下来。第二天,多家媒体报道了这一事件,很多杭州市民深受感动,大家都对她的身份产生了好奇,也想找到这位外国友人对她说一声谢谢。之后,杭州市旅委、市外办、公安部门、出入境管理部门都纷纷出动想要寻找玛丽亚,但都没有结果。就在大家准备放弃之时,乌拉圭《国家报》刊登了这一事件,其中还配有杭州市民拍摄的照片,这样,玛丽亚的身份才被广大市民所了解。对于救人一事,玛丽亚淡淡地说:"我只是做了一件任何人都会做的事。"杭州市见义勇为基金会向玛丽亚颁发了见义勇为奖,这也是该基金会成立以来第一次向外国友人颁奖。之后央视网、《南方日报》、中国经济网、中国文明网等都对玛丽亚的事情进行了报道,百度百科还专门有一个词条"西湖女侠",讲述的正是乌拉圭女孩玛丽亚西湖救人的事。

浙江省与乌拉圭自 20 世纪 90 年代开启地方友好交往,1995年 10 月 20 日,浙江省和乌拉圭的科洛尼亚省(Departamento de Colonia)缔结了友好关系,此后,双方见证了彼此在 20 多年间的发展与变革,在高层互访、经贸、旅游、教育等方面的交流合作也不断深入。

2009 年 6 月 22 日,浙江省副省长龚正在杭州会见了时任乌拉圭驻沪总领事卡洛斯·伊利卡拉伊(Carlos Irigaray)一行代表。在国际金融危机的背景下,龚正向客人介绍了浙江应对国际金融危机、保持经济平稳较快发展的情况,双方都希望今后能加强交流与合作,携手共进。

2010 年 1 月 6 日,乌拉圭众议院议长罗克·阿雷吉(Roque Arregui)一行到访浙江,与浙江省委书记赵祝洪会面,双方希望在经贸、农业、能源、旅游等领域进一步挖掘合作资源,推动双方互利合作不断向前发展。

2011 年,浙江省外办与绍兴市政府共同举办了以"走进绍兴——充满生机的文化名城"为主题的第四届"驻华使节走进浙江"活动,包括乌拉圭驻华大使在内的 20 个国家的驻华大使、驻沪总领事及特派代表共 38 名驻华使节应邀参加。

2012 年 10 月上旬,浙江省政协主席乔传秀率团访问阿根廷、乌拉圭和美国。在乌拉圭期间会见了科洛尼亚省省长沃尔特·齐默(Walter Zimmer)。

2017 年 1 月 11 日,乌拉圭众议长赫拉尔多·阿马里利亚(Gerardo Amarilla)一行到访浙江,并在杭州会见省人大常委会副主任茅临生。双方希望通过此次访问进一步增进友谊,拓展合作领域,切实提高合作水平。

2018 年 5 月 4 日,乌拉圭首都蒙得维的亚市市长丹尼尔·卡洛斯·马丁内斯(Daniel Carlos Martinez)到访浙江,并与副省长朱从玖会面,双方希望以此次访问为契机,搭建更多交流和合作平台,共同参与"一带一路"建设,进一步推动双方在经贸、农业、数字经济、港口物流等多领域的深入合作。

2018 年 9 月 4 日,乌拉圭科洛尼亚省省长卡洛斯·莫雷拉·赖施(Carlos Moreira Reisch)一行到访杭州,受到浙江省省长袁家军接见,双方表示要深化高层往来、港口等经贸合作和人文交流,实现互利共赢、共同发展。

2021 年 4 月 13 日—16 日,中共中央对外联络部与中共浙江省委共同主办了"中国共产党的故事——习近平新时代中国特色社会主义思想在浙江的实践"专题宣介会,乌拉圭驻华大使费尔南多·卢格里斯一行访问浙江杭州。卢格里斯在致辞中高度肯定了中国共产党领导下浙江省社会经济发展各方面取得的巨大成就。

值得一提的是浙江省舟山市与乌拉圭的紧密联系。我国远洋渔业始于 1985 年,经过几代人的共同努力,现在中国已经成为世界远洋渔业大国。浙江省舟山市的舟山国家远洋渔业基地是全国首个国家远洋渔业基地,而南美洲是其远洋渔业生产的主战场,其中阿根廷和乌拉圭是东南太平洋和西南大西洋鱿鱼生产渔船重要的补给基地。浙江省舟山市与乌拉圭的关系可谓日益紧密,2017 年 5 月 22 日,舟山市与乌拉圭罗恰省的拉帕洛马市(La Paloma)缔结了友好关系。罗恰省位于乌拉圭东南部,濒临大西洋,以旅游、渔业、食品加工等著称,以积极姿态对接融入"一带一路"倡议发展框架。

自 2016 年起,舟山市政府就已经开始了一系列的计划:在东南太平洋公海渔场配一艘远洋生产指挥船;建立舟山国家远洋渔业基地南美办事处;并延伸到境外,在秘鲁、乌拉圭邻近国家摸索建立南美公共配套保障服务基地;等等。2016 年乌拉圭总统巴斯克斯总统访华,与习近平主席进行了会谈,就推动两国友好关系达成共识;同年,两国宣布建立战略伙伴关系。随即舟山市马上采取行动。同年,舟山市委托负责国家远洋渔业基地建设的市人大常委会钟达主任前往乌拉圭罗恰省拉帕洛马市进行开拓性接触。2017 年 2 月,舟山市外侨办有关同志受市政府委托,专程前往罗恰省,转交了舟山市政府主要领导致罗恰省省长的有关双方缔结友城意向的亲笔信,介绍了当前舟山群岛新区经济发展及远洋渔业情况,并就建立友好城市关系具体事项进行了磋商,得到积极响应。

2017 年 5 月 1 日,乌拉圭罗恰省省长阿尼巴尔·佩雷拉(Aníbal Pereyra)率罗恰代表团到访浙江省舟山市。佩雷拉表示此次访问舟山是为了增进了解,促进双方在渔业、港口、旅游等方面的友好交流、互惠合作,实现各领域深层次的"联姻"。

随后,5 月 19—22 日,舟山市市长温暖率团前往乌拉圭进行友好访问。代表团实地考察了舟山市南美远洋渔业(乌拉圭)基地在罗恰省的拟建选址,并前往首都蒙得维的亚了解该市企业在乌拉圭的过洋性渔业合作拓展情况,温暖表示要以秘鲁、乌拉圭为桥头堡,融合海上、陆域为一体,争取早日把舟山南美远洋渔业境外基地建设成为服务舟山、辐射全国的重要基地。

早在 2012 年,乌拉圭就已经向中国投资者发出邀请,企盼中国企业投资罗恰地区深水港项目和铁路基础设施项目。2016 年 10 月,乌拉圭总统巴斯克斯到访中国,在与习近平主席进行会谈并发表《战略伙伴关系联合声明》的第二天,他就马不停蹄地参加了由中国贸促会和乌拉圭 21 世纪投资贸易委员会共同举办的"中国-乌拉圭经贸论坛",并在会上诚挚邀请中国企业去乌拉圭经商和投资。2021年1月,乌拉圭驻上海总领事莱昂纳多·奥利维拉参加了中国国际进口博览会,在受邀采访时,他也强调:除了贸易,投资也是我们的重点工作。我们希望能吸引更多投资,并借此帮助企业多元化。可见乌拉圭吸引中国投资者的热忱与诚挚。

2010年,有150万海外浙商分布在世界170个国家和地区。浙江华侨华人协会数据显示,海外浙江人中商人的比例占到了66.2%。[1] 作为中国社会经济发展较快较好的商业大省之一,浙江同样看到了与乌拉圭之间存在着的广泛的贸易投资合作互补空间。2011年8月23日,乌拉圭外交部和中国国际贸易促进委员会浙江省分会在乌拉圭首都蒙得维的亚共同主办了"浙江-乌拉圭企业家对接洽谈会",中、乌双方的企业家举行了近300场对接洽谈会,积极寻找在各自领域展开合作的可能性。据中国驻乌拉圭大使馆反映,此次对接洽谈会是中国在乌拉圭举办的最大规模的双边经贸交流活动,在乌拉圭政界、商界均产生了广泛影响。乌拉圭外交部部长两次会见和宴请浙江省政府代表团,与浙江省政府领导进行会谈;乌拉圭外交部部长,经济和财政部部长,住房、领土规划和环境部部长同时出席产业对接活动开幕式。整个活动无论在接待规格、组织形式还是宣传报道上全部按照国家级外交活动进行,规格之高对于一个省份来说以前是没有的。浙江省政府领导在乌期间还会见了浙江省友好省科洛尼亚省省长沃尔特·齐默,希望双方加强双边贸易、投资、文化和旅游等四个重点方面的交往;要着

---

① 陈凌:《全球化智库华商研究课题组 全球浙商的历史、现状与未来》,《世界华商发展报告》2019年第8期。

眼于建立长效机制,逐步完善交流渠道,落实友好省份发展的具体事项。

面对乌拉圭的诚挚邀请及在"一带一路"倡议的推动下,2019年,浙江省贸促会代表团随中国国际商会秘书长于健龙一行前往乌拉圭,拜访了中国驻乌拉圭大使馆。浙江省贸促会会长陈宗尧介绍了浙江与乌拉圭的经贸往来情况,并表示浙江省贸促会愿积极发挥作用,推动中乌经贸合作与交流取得新发展。

浙江省与乌拉圭的人文交往也从未中断。2018年2月3日晚,蒙得维的亚索德耐尔果提诺国家礼堂中座无虚席,掌声不断,驻乌大使馆的董晓军大使、乌拉圭前总统穆希卡、时任副总统露西娅·托波兰斯基(Lucía Topolansky)、教育文化部部长玛丽亚·胡丽娅·穆尼奥斯(María Julia Muñoz)、外交部副部长、驻乌拉圭外交使节80多人和文化高官40多人均在场观看节目,而舞台上进行表演的正是浙江杭州艺术团,他们远赴乌拉圭举办了"欢乐春节"暨庆祝中乌建交30周年专场演出。董晓军强调说:"前总统、现任副总统参加今晚的晚会是对中乌关系的重视与鼓舞,是对远道而来的浙江杭州艺术团的鼓舞。"现场一位乌拉圭观众激动地说道:"感谢你们带来的精彩演出,有着浓浓的中国韵味,感谢你们把中国传统文化带到了乌拉圭,为中乌友谊做出了贡献。"亚索德耐尔果提诺国家礼堂的音控工程师也对这次演出做出了高度评价:"这次你们的演出让我对中国有了更深刻的了解,让我对中国文化更有兴趣了,非常感谢你们,欢迎你们能再来。"①之后艺术团还前往卡内洛内

---

① 《中乌建交30周年杭州艺术团精彩亮相》,https://baijiahao.baidu.com/s? id=1591607491972812532&wfr=spider&for=pc,2021-06-08。

斯省(Departamento de Canelones)演出,在乌拉圭共奉献了 3
场精彩演出。

2018 年 9 月 6 日,浙江省在乌拉圭的友好省科洛尼亚省省
长莫雷拉一行 15 人到访浙江旅游职业学院。莫雷拉表示科洛
尼亚省对旅游业的发展非常重视,希望双方通过互访增进了
解,在旅游教育、文化交流等相关领域开展合作。学院领导也
表示欢迎乌拉圭学生到学院进修、留学,将为他们提供最优惠
的条件、最好的教育服务,共同推进两国旅游教育与文化交流
领域的合作发展。同时双方也期待在旅游合作、旅游教育、文
化交流方面有更广阔的合作机会。

万里之遥的朋友

　　虽然距离遥远,但历史上中国人移民最久远的地区,除了东南亚外,就是拉丁美洲。中国人最早到达特立尼达和多巴哥、巴西的历史已长达 200 年左右,到达墨西哥、秘鲁的时间甚至更早。关于拉丁美洲华侨华人的总人数,到目前为止还没有一个非常准确、统一的说法。截至 2014 年,在整个拉丁美洲和加勒比地区的 33 个国家中,华侨华人总数约有 121 万(不包括华裔和混血的中国人)。其中华侨华人较多的有巴西(25 万)、委内瑞拉(20 万)、巴拿马(17 万)、秘鲁(10 万)、阿根廷(10 万)等;人数过万的国家有墨西哥、厄瓜多尔、哥斯达黎加、智利、危地马拉、哥伦比亚、玻利维亚、苏里南、牙买加、多米尼加等。[①]但是说到乌拉圭,人就不多了。截至 2020 年,在乌拉圭生活、工作的华人只有 450 人左右,当地主要的华人社团——"乌拉圭华人华侨协会"拥有会员 115 人。[②]

　　虽然人数较少,但乌拉圭华人区的历史已有 70 年左右了。20 世纪 50 年代,大约有 20 个中国家庭到达乌拉圭,他们是最早一批到达乌拉圭的中国人。早年华侨多来自广东省新会、开平及浙江省等地,近年华侨多来自台湾地区和香港地区。大部

---

　　① 张秋生:《拉丁美洲华商:历史、现状与展望》,《八桂侨刊》2019 年第 4 期,第 27、47—56 页。

　　② 商务部:《对外投资合作国别指南 乌拉圭》,2021 年,第 15、77 页。

分华侨华人都生活在首都蒙得维的亚,现在一般以经营百货商店、中餐厅、进出口贸易行为主;此外还有部分人经营小型工厂、水产公司等。这些华侨华人自发成立了乌拉圭华人协会,以"凝聚华人,团结互助,维护华人的合法权益,保护华人的利益,发展华人事业;促进两国人民间的友好交流,积极支持和配合使馆的领事和侨务工作"为宗旨。2020年4月30日,乌拉圭中华会馆主席陈炎国、华人协会副会长金辁代表全体旅乌华侨华人向乌公共卫生部捐赠10000只医用口罩。侨团代表表示,尽管生活在当地的华侨华人数量很少,但是大家都时刻关心着抗疫工作,愿同乌民众一起,积极响应和遵守政府的号召和规定,为当地抗疫工作贡献自己的力量。①

现任乌拉圭华人协会会长是戴志饶。在乌拉圭华人圈里说起老戴,无人不知无人不晓,2009年60周年国庆期间,中国政府还邀请他回国出席了天安门国庆观礼活动。但网络上关于老戴的信息非常少。国际文化交流活动家余熙在乌拉圭期间亲自登门拜访了老戴的餐厅,也在《约会乌拉圭:"南美瑞士"的闲适故事》中把老戴的故事呈现给众人。老戴最初是和父亲一起到了阿根廷,在餐厅当清洁工,1984年才移居乌拉圭,算是当地最早的一批华人。1年后,新华社准备在乌开设分社,还是老戴帮忙租的房子。1988年,中乌正式建交,老戴回忆说:"我终于在乌拉圭见到祖国的大使馆。记得第一次走近中国大使馆,我一见到鲜艳的五星红旗在蓝天高高飘扬,热

---

① 中华人民共和国驻乌拉圭东岸共和国大使馆:《乌拉圭华侨华人捐赠防疫物资》,http://uy. chineseembassy. org/chn/gdxw/t1775466. htm,2021-06-09。

泪怎么也止不住,一个劲地往外淌。"①一开始老戴开了一家超市,超市陷入困境后改开餐厅,但餐厅开张后客源稀少。在这个时候,中国驻乌拉圭大使馆伸出了援助之手。大使馆介绍从中国来的贸易展览团一行 50 多人,在餐厅包饭 48 天,这使得初始资金困难迎刃而解。

老戴在乌拉圭逐渐站稳脚跟后,非常积极热心地帮助其他旅乌华侨,用他自己的话说:"感念于中国大使馆的朋友对我的支持,决定略尽个人绵薄之力,尽可能多帮助自己同胞一些。我多次接待从中国大陆来乌访问和经商的同胞。在有的华人在乌经商出现资金紧缺时,我便常出借现金帮他们缓解燃眉之急,并且决不加收利息。"回忆起 2009 年观看国庆阅兵的场景,他仍难掩激动之情:"当看到威武雄壮的解放军三军仪仗队从天安门广场庄严通过时,我深切感受到自己的祖国真是强大了、进步了!中国的崛起不仅是国家崛起,更是中华民族崛起。今天的中国已非昔日可比,再也不可能被人随便冒犯。"在乌拉圭这样华人华侨数量非常少的国家,他们更是有感于祖国就是他们强大的后盾。

2021 年中国共产党成立 100 周年之际,外交部推出了"100天讲述中国共产党对外交往 100 个故事"系列活动,其中第 48讲就是一个乌拉圭家庭在中国的故事——《"我只是中拉文化交流壮举中的小小一粒沙"——一个乌拉圭家庭的世代中国情》,而这个乌拉圭家庭是在中国待的时间最长的乌拉圭家庭之一,主人公也不无自豪地说过"我可能是在中国待的时间最长的乌拉圭人"。1975 年,17 岁的巴勃罗·罗维塔(Pablo

---

① 余熙:《约会乌拉圭:"南美瑞士"的闲适故事》,世界知识出版社2011 年版,第 183 页。

Rovetta)跟随父母从乌拉圭来到了中国,从此开始在中国学习、工作和生活。之所以离开家乡,跨越大半个地球来到一个陌生的国度,是因为他的父亲维森特·罗维塔(Vicente Rovetta)。维森特是一名乌拉圭共产党党员,也是一名书商。20世纪50年代,维森特在乌拉圭首都蒙得维的亚创办新生书店(Nativa Libros),在乌拉圭和南美地区发行出售有关中国的各类书籍,成为促进中拉人文交流的重要桥梁人物。1966—1967年,维森特先后两次到访中国,还受到了毛泽东和周恩来的亲切接见。20年后,维森特怀着激动的心情回忆起当时的情景:"我怎么也没想到,竟然能在人民大会堂同中国历史和世界历史上的两位伟人握手,和他们一起交谈并合影。这对我来说非同寻常,我至今还没找到适当的词语来描述当时的心情。"①当时的巴勃罗对他父亲从事的工作没有太多了解,中国对他来说也颇为陌生,但家里的茶叶、挂历、中国画、大量中国书籍等带有中国文化印记的东西让他印象深刻,也许这就是他与中国结缘的开始。来到中国后,巴勃罗先后在北京语言大学和清华大学读书,他也逐渐适应了这里的生活,爱上了这里。1986年,巴勃罗的父母返回了乌拉圭,他却选择留在中国,一待就是30多年。如今,年过六旬的巴勃罗已经能说一口地道的京片子,还喜欢别人叫他"老罗"。作为一个乌拉圭人,老罗亲历着中国的变迁,见证了中国的发展,看着中国逐步走向富强,同时他也是中国和世界开展文明交流的参与者。他曾经在外文局工作了10多年,参与了多本中国文学著作的翻译工作,并著有《70年代在中国》一书,讲述他作为见证者在中国经历的历史性大

---

① 《"我只是中拉文化交流壮举中的小小一粒沙"——一个乌拉圭家庭的世代中国情》,http://riodejaneiro. chineseconsulate. org/chn/ztzl/C1/202107/t20210728_9000247.htm,2021-08-28。

事。此外,他还创办了"东方深思"网站,向西语读者介绍中国。他的见闻也被收录在《两个世界的相遇:中拉文化交流口述史》一书中。尽管老罗为中拉文化交流做了很多贡献,但他还是十分谦虚地认为,自己"只是这些壮举中的小小一粒沙"。2018年,老罗的父亲维森特与世长辞。老罗继承了父亲的衣钵,继续投身中拉文化交流事业。老罗一家两代人与中国长达半个世纪的渊源是中乌关系和中拉关系的时代缩影,他们与中国的故事还在续写,与中国的情谊将一代代地传承下去。

　　如今老罗也已经老了,但是两国人民的交往不会中断,有更多的年轻人为中乌交流发展做出新的贡献。2017 年 12 月 28 日,环球网上刊登了这样一篇文章——《乌拉圭人:来中国后,你的文化智商会爆棚!》,作者是在中国生活、工作的乌拉圭人尼古拉斯·桑托(Nicolas Santo)。桑托是清华大学的法学硕士、蒙得维的亚大学的博士,并曾担任佛山市商业局国际部主任。有感于中国经济的快速崛起,在文章中他感叹道:"在 21 世纪,不管你是律师、工程师还是飞行员或足球运动员,在职业上升的道路上,早晚会与中国产生联系,这一点是不容忽视的。中国虽远,但绝不会辜负你的努力。这些不是我道听途说或者受人诓骗而来的,我看到过别人的经历,更有真真切切的亲身体会。"①同时他还强调说,每五年,中国就是一个新的中国。

　　乌拉圭许多媒体都对桑托在中国的经历进行了报道,电台还对他进行了专访,将他称为"爱上中国的乌拉圭人",并不无自豪地介绍他为"第一批为中国政府提供传播中国文化方面建议的外国人"。从 16 岁开始,桑托就开始学习中文,当时在乌

---

① 《乌拉圭人:来中国后,你的文化智商会爆棚!》,https://oversea. huanqiu.com/article/aKrnK,2021-06-10。

拉圭可供学习的资料非常少,师资力量还比较薄弱,但他坚持了下来;23 岁的时候,通过一项奖学金,他来到了中国。在一次访谈中桑托讲述了自己初到北京的生活、在清华大学学习的经历,以及在中国政府部门工作的经历,为乌拉圭同胞讲述了一个真实的中国。2018 年,桑托出版了自己的著作《与龙共舞一曲探戈》(*Un tango con el dragón*),从国际视角出发介绍分析了快速发展中的中国。

参考文献

一、中文文献

[1] 弗朗西斯科·R.平托斯.巴特列与乌拉圭历史发展过程[M].沈阳:辽宁人民出版社,1973.

[2] 贺双荣.列国志·乌拉圭[M].北京:社会科学文献出版社,2010.

[3] 莱斯利·贝舍尔.剑桥拉丁美洲史:第五卷[M].吴洪英,张凡,王宁坤,等,译.北京:社会科学文献出版社,1992.

[4] 刘厚俊,问群.乌拉圭回合协议对世界和中国经济的影响[J].江苏社会科学,1995(02).

[5] 马慧琳.马黛茶文化习俗与传播研究[D].青岛:青岛大学,2018.

[6] R.R.帕尔默,乔·科尔顿,劳埃德·克莱默.现代世界史[M].何兆武,孙福生,董正华,等,译.北京:世界图书出版公司,2009.

[7] 王珍娜.如此乌拉圭[M].上海:上海社会科学院出版社,2020.

[8] 余熙.约会乌拉圭:"南美瑞士"的闲适故事[M].北京:世界知识出版社,2011.

[9] 约翰·斯特里特.阿提加斯与乌拉圭的解放[M].沈阳:辽宁人民出版社,1973.

[10] 张笑寒.乌拉圭:钻石之国的历史与文化[M].上海:上海

社会科学院出版社,2020.

[11] 赵振江.《马丁·费罗》与高乔文学[J]. 拉丁美洲研究,
1981(03).

二、外文文献

[1] BÉRTOLA L. Ensayos de historia económica：Uruguay y
la región en la economía mundial, 1870—1990 [M].
Montevideo：Ediciones Trilce, 2000.

[2] CAROLINA GONZÁLEZ LAURINO. Uruguay：la
construcción colectiva de una identidad [D]. Madrid：
Universidad de Deusto, 1999.

[3] EDMUNDO M. Narancio. La independencia de Uruguay[M].
Madrid：Fundación MAPFRE, 1992.

[4] JOSÉ MARÍA GARCÍA ALVARADO. Uruguay [M].
Madrid：Anaya, 1989.

[5] NAHUM, BENJAMIN. Manual de historia del Uruguay
1830—1903 TOMO 1[M]. Montevideo：Banda Oriental,
2003.

[6] WEINSTEIN M. Uruguay：the politics of failure[M].
Westport, CT：Greenwood Press, 1975.